AF316219

PLACE AUX JEUNES !

Imprimé par Charles Noblet, rue Soufflot, 18.

PLACE AUX JEUNES!

CAUSERIES CRITIQUES SUR LE

SALON DE 1865

PAR

GONZAGUE PRIVAT

Peinture — Sculpture — Gravure
Architecture

Peinture — Sculpture — Gravure
Architecture

PARIS

F. COURNOL, LIBRAIRE-ÉDITEUR

20, RUE DE SEINE

1865

A M. ESPRIT PRIVAT

Ancien rédacteur en chef de la *Patrie*.

A toi ce livre, mon père, à toi, lutteur infatigable, ardent défenseur du bien contre le mal, du vrai contre le faux.

Jeune, j'ai voulu défendre la belle cause de la Jeunesse; fervent adorateur du Beau, moi aussi j'ai voulu faire entendre ma voix.

Ce livre est honnête, il contient les idées d'un homme convaincu, le fruit de quelques réflexions, c'est ce qui m'a autorisé à mettre ton nom sur la première de ces pages, comme on place un drapeau à la tête d'un régiment.

Ton fils respectueux,

GONZAGUE PRIVAT.

Mai 1865.

PLACE AUX JEUNES !

CHAPITRE Ier.

POURQUOI PLACE AUX JEUNES?

Place aux jeunes ! voici un titre très-compromettant pour l'auteur de cet opuscule et qui lui attirera peut-être bien des inimitiés.

Peu importe !

Mais, avant d'aller plus loin, que je dise d'abord ce que j'entends par le mot : jeune.

Un jeune, selon moi, est un homme, qui, dans ses premiers essais, montre le germe vivant de ce qu'il fera plus tard ; celui dont l'imagination hâtive préconçoit des choses ignorées de tous, pénètre certaines profondeurs de l'art encore bien loin de lui, et enfin, qui, brisé par le travail, affaibli par l'âge, voit son corps s'user sous l'empire d'une trop grande jeunesse morale.

Delacroix, Rude, Barye sont de cette race-là, ainsi que Decamps, Diaz, Troyon, Corot, Daubigny, Th.

Rousseau, etc., etc., jeunesse fougueuse que la leur. M. Ingres, lui aussi, est un jeune, mais un jeune philosophant, un jeune aux idées calmes, gracieuses, presque toujours belles, un de ces jeunes que l'on ose suivre dans leur carrière, parce qu'ils flânent docilement dans la voie qu'ils se sont tracée.

Il est moins facile pour les intelligences inexercées de courir après les premiers.

Leur lumière aveugle; la rapidité de leur course étouffe : c'est tout au plus si on peut les regarder, lorsque, arrivés au sommet de leur gloire, ils s'arrêtent, avant de mourir, pour essuyer la sueur qui perle sur leurs fronts.

Voilà pour les jeunes!

Il y a ensuite une autre catégorie d'artistes qui habitent les quartiers mixtes de l'intelligence, on ne peut les louer, jamais ils n'ont fait quoi que ce soit de marquant; on ne peut les blâmer, car, à proprement parler, aucune de leurs œuvres n'est franchement mauvaise.

Dans le domaine de l'art, ils tiennent la place qu'occupent ces riches banquiers devenus, de par leur propre goût, de savants Mécènes, nababs tenant à la fois et du juif qui prête à la petite semaine et de l'artiste qu'ils dorent de leur protection.

Ces artistes louches peuvent aussi se comparer à ces célibataires qui ont atteint les dernières limites de la jeunesse : *la fatale quarantaine!!!*

Trop égoïstes pour se marier, trop calmes pour vivre orageusement, ces Sardanapales bourgeois font leurs petits coups en catimini. Vicieux dans le fond sans être débauchés, ils sont reçus partout. Les mères en possession de filles à marier leur font fête : « *Ce sont des gendres!* » Les jeunes ménages ne les redoutent point, « *ne sont-ce pas des hommes mûrs,* « *incapables de méfaire?* » Les francs et joyeux viveurs les admettent volontiers dans leur intimité, ce sont des frères, de vrais frères.

Bref, ni chair ni poisson, ils sont *neutres.*

Exemple : Gérôme, Boulanger, les sculpteurs Guillaume, Cavelier, et, en descendant quelques échelons, nous trouvons M. Bouguereau (le type celui-là), la famille Dubufe, etc., etc.

Classons enfin les vieux.

Aucune définition pour ceux-ci.

Nés à soixante ans, ils sont plus à plaindre qu'à blâmer. Faisant de l'art comme d'autres font des dupes, seuls, ils n'ont pas eu à s'en plaindre, la législation française n'ayant pas prévu le cas.

Autrefois Jésus-Christ les eût chassés du Temple

comme de vils marchands; aujourd'hui ce temps est bien loin; leur tour est venu! ils ont rendu à Dieu ce séjour impossible, car ce sont eux qui badigeonnent les églises de ces vulgarités que vous connaissez.

Ces invalides de l'art, ces écloppés de l'intelligence, s'appellent... s'appellent... oh! ma foi, non, je ne les nomme pas, car ces messieurs sont hargneux, désireux de posséder toutes les qualités de leur emploi.

Si donc dans le cours de cette étude vous voyez placés sur la même ligne des artistes bien différents par l'âge, ne vous en étonnez point, c'est d'après la jeunesse de l'œuvre que je veux classer l'ouvrier.

Tel jeune homme qui aura vieilli sa jeunesse à la glaciale école de M. Signol trouvera sa place à côté de son maître. Ah! ma foi! tant pis pour lui, pour vous et pour moi.

CHAPITRE II.

QUELQUES PETITES CONSIDÉRATIONS SUR L'ART.

Que faut-il pour être un artiste complet ?

L'artiste complet, s'il existe, est-il utile ou ennuyeux ?

Que doit-on entendre par un artiste complet ?

Voici trois questions tellement délicates qu'il est assez dur d'y répondre. Mais, comme on les a posées et que j'ai pour principe de ne jamais fuir devant la difficulté, je m'en vais reculer de quelques siècles ; peut-être sera-ce pour mieux sauter.

Nous venons de classer les artistes en trois catégories bien distinctes ; et ici nous les trouvons tous d'accord sur un seul point : l'art antique.

Ces trois sortes d'intelligence ont un véritable

culte pour l'art grec et romain; mais, évidemment, ne le comprennent pas de même, ou, pour mieux dire, le comprennent plus ou moins.

Les uns en admirent l'esprit et la lettre, les autres en délaissent l'esprit pour n'en admirer que la lettre; de plus, ne voyant dans cette lettre qu'un certain côté majestueux et partant un peu froid, n'en pouvant comprendre la splendeur morale, ils n'en voient que la froideur, et se croient de profonds éclectiques, lorsqu'ils ont transporté sur la toile ou le marbre quelques personnages d'un bas-relief grec ou romain.

Pour eux, c'est la plus haute expression de la pensée. Voyez plutôt l'art des Néo-Grecs.

Les premiers, ceux qui admirent tout sans distinction dans l'art antique, se garderaient bien de lui voler quoi que ce soit, ils sont assez riches par eux-mêmes pour vivre sur leur propre fonds; il leur est même arrivé de se laisser piller par le *vulgum pecus*, sachant bien qu'ils possédaient une mine inépuisable d'idées et de sentiment.

Pour nous, ceux-là seulement comprennent l'art des Phydias et des Praxitèle; les autres se contentent de le ridiculiser dans leurs imitations plus ou moins mal réussies, lorsqu'elles ne sont pas grotesques.

Ce qui a fait la force des artistes grecs et romains, c'est qu'ils n'étaient pas sans défaut. Oh! ne crions pas au paradoxe. Dans l'art, des défauts sont nécessaires, et ce qui peut être vrai pour un sonnet, ne l'est pas du tout en peinture. Pour moi, je préfère assurément un petit tableau de Delacroix ou de Decamps à peine fait, mais d'une forte impression, à une de ces lourdes machines qu'enfantent trop souvent certains artistes nés à l'école des Beaux-Arts et destinés à mourir à l'Institut dans l'impénitence finale.

Certes oui, les artistes grecs et romains avaient des défauts, toutes leurs œuvres nous le prouvent, depuis la *Vénus* de Milo jusqu'à la *Diane chasseresse ;* depuis le fronton du Parthénon jusqu'à ces œuvres improvisées si spirituellement sur les murs élégants de leurs villas, et dont nous avons vu de si gra·· cieux fragments dans l'intérieur des maisons de Pompeï.

Mais quel charme! quel sentiment! quelle suave fantaisie dans ce grand art qui avait tout embrassé! enthousiasme, rêverie, folle ivresse, honnête gaieté. Évidemment ce n'est point moi qui entreprendrai d'en relever les défauts; à mon point de vue, ils ne sont que les compléments de son génie. Mais ces défauts existent, heureusement pour les contrastes qui sont la base essentielle de l'art.

Est-ce à dire pour cela qu'il ne faille copier que le côté faible de certains morceaux antiques? Et si, d'aventure, l'on voit une statue dont les plans sont un peu trop fades, faut-il immédiatement se mettre à l'ouvrage, et vite, vite, vite, faire quelque chose de bien rond; œuvre devant laquelle certain bourgeois naïf se pâmera d'aise en nasillant : « Comme c'est beau, on dirait que c'est moulé! »

C'est le cas de bien des artistes, si toutefois vous voulez bien leur accorder ce titre, que je leur refuse pour ma propre part.

Tant que l'on ne s'adressera à l'art antique que comme à une tradition, à un enseignement, l'art moderne ne pourra qu'y gagner; mais lorsqu'on recourra à lui comme au but principal de toutes recherches, lorsqu'on le requerra au détriment de la nature, lorsqu'on fouillera les ruines au milieu desquelles il survit encore, afin d'y trouver un sujet plus ou moins subtil, un logogriphe plus ou moins banal, une charade plus ou moins froide, au lieu d'exprimer ce que l'on a dans la tête et dans le cœur, l'art de notre époque sera stationnaire. Pendant que tout marchera autour de lui, science, morale, industrie, seul il demeurera, se fatiguant dans le labyrinthe absurde où tant d'artistes se complaisent à le faire tourner sans lui montrer l'issue libératrice.

Voilà pourtant les limites dans lesquelles une certaine école *néo-grecque* a voulu concentrer l'art; et cela a pris; du moins on l'a cru! Croyez-vous cependant qu'on l'aime cet art-là? Il n'en est rien. Mais le public veut du nouveau; on lui en a servi; il l'a goûté sans plaisir ni peine, car tout cet attirail de recherches spirituelles et archéologiques n'est point fait pour passionner.

Malgré cela, bien du bruit s'est fait autour de cette école. Les intéressés ont voulu faire croire à un succès, alors qu'il n'y avait que simple passe-temps; et, les Béotiens, qui avaient accepté cet art avec une modération marquée, ont fait une affaire de bon goût, de mode et de coquetterie en le louant à outrance.

Ces artistes, les *Néo-Grecs*, comme ils s'intitulent, sont, dans une certaine coterie, les purs apôtres de la perfection. Nous autres, d'un goût moins raffiné peut-être, nous les trouvons ennuyeux, énervants dans leur marivaudage antique.

Quant à leurs confrères, les *impurs* alors, les profanes, Delacroix, Decamps (j'avoue qu'il y en a peu, les médiocres sont en tel nombre), ils sont pour eux des êtres qui ne manquent pas d'une certaine originalité, évidemment, mais ce sont des *rêveurs*, des *impuissants*, de *malheureuses organisations*, des *romantiques* enfin qui se sont trompés de voie en faisant de l'art, qui ont sorti la peinture de ses domaines, etc., etc., etc.

Cela vous fait peut-être rire! mais il en est ainsi.

Ah! dame, n'est pas Néo-Grec qui veut.

Eh bien! j'ose l'avouer, ces impurs me charment, ces faux talents me ravissent, parce qu'ils parlent à mon cœur, à mon âme, à tout ce qui peut se trouver d'élevé en moi.

Les artistes parfaits, les voici : saluez! je vous présente les *Néo-Grecs*.

Les *impurs*, les voilà! pitié pour eux! vous êtes devant MM. Delacroix, Decamps, plus malheureux que coupables, assurément.

Ils sont tous devant vous, monsieur le public, tous, les purs et les impurs, leurs œuvres à la main (car vous n'ignorez pas que c'est à l'œuvre qu'il faut juger l'ouvrier, et non d'après le bien qu'il en dit). Voyons, de l'impartialité.

Voici, d'un côté : les *Suites d'un bal masqué* (ne riez

pas, vous m'avez promis le sérieux); *Ave, Cesar*, etc.;
le *Boucher turc*; le *Tepidarium*; la *Fortune de César*;
la *Mort de Claude*; *Ma sœur n'y est pas*; la *Volière*; le
Poulailler; la *Mort de César*, etc., etc., et que sais-je…
enfin le côté de l'art pur.

Voici, de l'autre : l'*Entrée des Croisés dans Constantinople*; *Apollon tuant le serpent Python*; la *Paix* (Hôtel-
de-Ville); les *Femmes turques*; la *Bataille de Taillebourg*,
de *Nancy*, de *Poitiers*, de *Crécy*; la *Mort de Marc-
Aurèle*; *Médée furieuse*; les *Massacres de Chio*; la
Barque du Dante; la *Pieta*; *Héliodore*; la *Lutte de
l'Ange et de Jacob*; la *Montée du Calvaire*; le *Jardin
des Olives*; *Saint Sébastien*; la *Mise au tombeau*; le
Christ entre les deux Larrons; les *Convulsionnaires de
Tanger*; la *Barricade*; l'*Assassinat de l'évêque de
Liége*; le *Tasse en prison*; *Marino Faliero*; l'*Histoire
de Faust*; *Gœtz de Berlichingen*; *Macbeth*; *Hamlet*;
Othello; Shakespeare, Cervantes, Racine, Byron,
Walter Scott, Hugo, religion, batailles, histoire,
genre, paysage, mythologie, chevaux, fleurs, fruits,
tout cela vivant d'une autre vie sur le bois ou la toile.

Mais assez, arrêtez-vous! Que diable! on laisse
aux gens le temps de respirer; et puis je vous trouve
partial : d'un côté vous citez trop d'œuvres, trop de
peintres…

— Comment, trop partial? comment. trop de peintres? Mais tout cela est d'un seul homme, Delacroix!

— D'un seul homme?

— Certainement. Ah! vous comprenez! il est facile de produire vite et beaucoup lorsqu'on fait si mauvais.

— Mauvais! mais...

Non, non, écoutez encore. Après Delacroix, Decamps. Voici : l'*Histoire de Samson; Josué arrêtant le soleil;* la *Patrouille turque;* l'*École turque;* la *Défaite des Cimbres;* le *Chasseur;* le *Centenier;* le *Suicidé;* les *Singes amateurs;* le *Café turc;* les *Bourreaux à la porte de la prison;* et des chevaux, et des chiens, et des paysages, et des fleurs, et des fruits à n'en plus finir.

Ouf! c'est fini; jugez.

Les purs et les impurs ont défilé devant vous.

Vous êtes de mon avis, n'est-il pas vrai? Eh bien! franchement, cela ne m'étonne pas.

Vous avez vu ces hommes, ces Néo-Grecs, ces artistes auxquels certains critiques accrédités donnent le nom de complets.

En effet, ils sont sans défaut, mais aussi sans génie. Ces mêmes critiques, ces pharisiens de l'art traitent d'incomplètes les œuvres qu'en dernier lieu j'ai déroulées devant vos regards.

Incomplètes! Pour eux c'est bien possible! En quoi? je l'ignore, car le génie y déborde.

Je conclus : Si la perfection consiste à ne pas avoir de défauts; si le but de l'art est d'être à la portée des intelligences les plus vulgaires, crions partout le triomphe de l'école néo-grecque.

Maintenant ces suppositions sont-elles vraisemblables? je ne le crois pas.

La preuve, la voici : Faites une expérience : lisez Homère à un imbécile; récitez-lui la *Jérusalem délivrée;* faites-lui entendre *Hamlet*, *Othello*, ou bien encore un morceau de musique sérieuse de Gluck ou d'Haydn. Qu'arrivera-t-il? Rien de plus facile prévoir : l'*Iliade* et l'*Odyssée* l'ennuieront; le Tasse l'endormira; Gluck ou Haydn le feront bâiller. Seul peut-être Shakespeare produira sur lui une certaine impression nerveuse, à moins que ce ne soient les artistes chargés de l'interpréter.

Je ne parle pas de la première supposition, elle tombe sous le sens; car, vraie, elle ravalerait trop l'art en l'assimilant à la photographie. La photographie, je m'arrête à cette qualification; l'école *néogrecque* n'est que cela dans toute l'acception du mot.

Est-ce la perfection?

Si, par contre, le sublime dans l'art est de penser avant de peindre, de bien rendre sa pensée dans son expression joyeuse ou dramatique, de façon que tout le monde y trouve son compte, les uns ne voyant que le côté matériel et pittoresque de l'œuvre, seul visible pour leurs yeux; les autres admirant cette partie de l'art, fort belle assurément, mais percevant autre chose de plus élevé, l'idée poétique, morale, philosophique ou religieuse, conçue par l'artiste; proclamons à haute voix le triomphe de cette belle école idéaliste et réaliste dont les chefs se nomment : Delacroix, Ingres, Decamps, Ary Scheffer.

Mais, dira-t-on, ces maîtres sont-ils arrivés dans leurs œuvres au vrai but de l'art, la vérité dans le sublime?

L'Antiquité, le Moyen Age, la Renaissance le crient par les mille voix de leurs chefs-d'œuvre.

Donc il vaut mieux avoir du génie et des défauts que des qualités sans génie.

L'artiste vraiment grand est le premier; l'obscur, le fade, l'ennuyeux, c'est l'autre.

CHAPITRE III.

LA GRANDE MÉDAILLE D'HONNEUR.

MM. les artistes, membres de l'Institut et du jury, ont déclaré renoncer pour leur propre part à la grande médaille d'honneur. Telle est, à peu de chose près, la phrase qui se lisait ordinairement en tête des livrets des expositions précédentes.

C'était juste, nécessaire, car cette simple déclaration désarmait la malveillance et suffisait à éloigner toute idée d'esprit de corps, de confraternité qui serait venue indubitablement à l'esprit des gens les mieux intentionnés.

Comme Sganarelle devenu médecin de par le bâton, ces messieurs ont changé tout cela, puisque nous avons vu M. Cabanel avoir, cette année-ci, les *honneurs* de l'exposition.

Eh bien ! franchement, cela ne devait pas être ; c'était arbitraire ; cela aurait dû être impossible.

Avouez avec moi qu'il est assez dur de dire à un souverain : Sire, vous avez désiré faire peindre votre portrait, c'est-à-dire une toile destinée à représenter à tous vos sujets, à un peuple entier, le prince qui le gouverne. Nous regrettons de l'avouer, mais cette reproduction de Votre Majesté est imparfaite, cette toile, dont la plupart des mairies et des préfectures posséderont une copie, ne vous reproduit qu'imparfaitement ; donc votre but n'est pas atteint.

C'est plus que délicat, cela me parait impossible ; le jury ne l'a que trop montré.

M. Cabanel, qui n'avait pas besoin de cette récompense pour consacrer son talent, aurait donc dû généreusement y renoncer, car il n'ignore pas qu'on ne peut être à la fois juge et partie.

Je ne veux pas parler de l'exécution matérielle du portrait de l'Empereur. Lorsque j'aurais dit qu'elle est superbe d'habileté, de touche, personne ne sera surpris. On sait bien ce que peut le savant pinceau du nouveau membre de l'Institut. Je parlerai donc de ce portrait au point de vue du sujet, car, peindre un empereur régnant, c'est plus que faire un tableau, c'est représenter un homme dont le passé est déjà de l'histoire, et à l'avenir duquel un peuple entier est suspendu.

M. Cabanel nous montre-t-il ces divers côtés?

Ce n'est point mon avis; et j'ai bien des gens pour moi.

Je ne retrouve pas l'empereur Napoléon III dans ce portrait.

Ce n'est point là ce souverain qui a fait la guerre comme César dont il a écrit la vie, qui a secoué toutes les vieilles traditions en épousant une femme, de grande maison assurément, mais non issue de sang royal, et qui a trouvé tout simple de réunir tous les souverains chez lui, montrant ainsi la place que doit occuper la France. Non, ce n'est point là cet empereur, en même temps guerrier, législateur, économiste, historien. Ce n'est pas là cet homme énergique, ce grand remueur d'idées qui se nomme Napoléon III.

Sans aimer précisément le portrait peint par le regretté Hippolyte Flandrin, en 1863, j'avoue qu'il lui est de tout point supérieur. Si ce n'est pas encore le représentant d'une grande nation, y a-t-il au moins un visible effort pour atteindre ce noble but.

Passons donc M. Cabanel et son œuvre insigni-
fiante; et, malgré cet artiste, supposons que Sa Majesté porte des habits qui lui vont bien, et que Paul,
Alfred ou Dusautoy sauront conserver un client de
son importance.

M. Cabanel éliminé, la médaille revenait de droit
à M. Ribot, un *jeune* et vrai artiste, le peintre des
Cuisiniers, qui, cette année, a bien voulu sortir de
l'office pour nous présenter un plat de sa façon que
n'aurait dédaigné ni Ribeira, ni le Caravage, et
qu'eût envié le Valentin.

C'était le *Saint Sébastien*, ce fameux plat; œuvre
fortement conçue, largement comprise, supérieurement peinte.

Rarement la douleur a trouvé cette expression, la
sainteté cette noblesse, la peinture cette ampleur.

M. Ribot nous montre saint Sébastien étendu par
terre, le corps livide, le sang glacé. La tête résignée
du saint est inclinée sur son épaule gauche; elle est
empreinte d'une terrifiante expression de douleur.

Que de mélancolie dans cette œuvre; comme la
souffrance du martyr chrétien y est noblement exprimée !

Son corps va subir les tortures du terrible passage
de la vie à la mort; sa bouche est contractée doulou-

reusement, et laisse échapper de plaintifs sanglots ; ses yeux glauques n'ont plus le désir brûlant des joies éternelles ; mais, cependant, on sent que de célestes pensées animaient cette tête, que de nobles et purs sentiments faisaient battre ce cœur ; que, peu d'instants auparavant, tout cela respirait, croyait, était grand, noble, beau, fait à l'image du Dieu pour lequel le martyr a voulu mourir.

Saint Sébastien, garrotté par d'indignes soldats, est attaché à un arbre ; là, il sert de point de mire aux flèches des bourreaux, qui bientôt le voient s'affaisser ruisselant de sang.

Ils s'enfuient aussitôt, car le crime n'aime pas la grande lumière.

Arrivent deux voyageurs. En passant près du cadavre, l'odeur du sang les saisit à la gorge, ils se retournent avec horreur et sont terrifiés en apercevant la malheureuse victime ; mais l'espoir de ranimer le pauvre Sébastien les pousse à briser les liens qui l'attachent à l'arbre ; ils pansent ses plaies, essuient le sang qui coule de ses blessures. Sébastien ne respire pas, il paraît mort. Cependant ils tentent un effort suprême, et pendant qu'un de ces hommes pieux se retourne avec anxiété pour voir si les meurtriers ne sont pas là, jouissant de leur forfait dans l'ivresse de leur triomphe, l'autre presse un linge mouillé sur les plaies béantes du saint martyr. Enfin la victime a respiré ; grâce à ces charitables soins, à ces pieux secours, Sébastien revient peu à peu à la vie.

Tout cela est fort beau ; encore une fois, c'est grandement, c'est religieusement beau !

Je le déclare en toute sincérité, j'ai vu des Ribeira qui n'atteignaient pas cette hauteur de pensée, de sentiment d'exécution.

Chaque morceau, pris à part, est touché avec une précision et une vérité effrayantes de réalisme. Les jambes et les pieds du saint sont des chefs-d'œuvre de rendu ; les modelés sont francs, les méplats bien à leur place ; les raccourcis bien dessinés, les membres bien emmanchés, les plans larges et bien sentis.

L'effet est tellement compris dans son acception dramatique, surtout dans le clair-obscur, que le tableau de M. Ribot semble être l'œuvre d'un grand coloriste.

Le torse du saint, ainsi que le bras droit, étendu le long du corps, reçoit une brillante lumière qui lui donne le relief de la nature. Le dessin est très-cherché, très-vrai, très-élégant. Comme largeur d'exécution, cette œuvre rappelle le célèbre *saint Jérôme* de l'Espagnolet.

Les deux autres personnages sont à la hauteur du reste.

L'anxiété est fortement exprimée sur la figure de l'homme qui se retourne, tandis que le charitable désir de faire le bien anime la face du personnage de gauche.

M. Ribot méritait la médaille d'honneur, non pas comme M. Dumas, il y a deux ans; mais une sœur de celle que reçut autrefois le grand E. Delacroix.

M. Ribot est un artiste courageux, convaincu, varié, plein de verve, ainsi qu'il nous le prouve dans sa *Répétition de musique.*

Oh! ici, la scène est bien changée. Nous sommes où vous voudrez, pourvu que ce soit dans un bouge quelconque. Plusieurs artistes, fervents disciples de Bias, imitateurs militants de Cartouche, se sont réunis pour répéter le concerto qu'ils doivent donner le lendemain à leur bénéfice devant *Mesdames et Messieurs.* Sans se préoccuper de la mesure et de l'harmonie, du rhythme et du ton, ils sont là, soufflant, pinçant, tapant, sachant qu'avant tout ils ne sont venus que pour faire du bruit.

Ah! par exemple, ils s'en acquittent bien, je vous en réponds !

Les types de ces gaillards-là sont vrais, leurs poses

naturelles. Les jambes du *patron*, car c'est le plus *chic* de la bande, sont exécutées avec une sincérité, une ampleur vraiment surprenantes.

M. Ribot a un métier, une habileté de brosse, une *crânerie* d'exécution qui n'est pas à l'ordre du jour au Salon.

Ah!... je savais bien que j'avais encore à parler de quelqu'un : c'est du singe, le philosophe de cette bande de gueux, le singe qui se gorge des noix que lui ont données les artistes, en gens susceptibles, ne se souciant pas d'encourir, de la part de leur critique d'art, de burlesques imitations.

M. Ribot n'est pas seulement dans une bonne voie, c'est un artiste arrivé à la plus haute expression de son talent; ses deux toiles nous le prouvent.

Il demeure le chef d'école, le porte-drapeau de cette puissante troupe de réalistes qui, semblables aux anciens guerriers, pleurent leur chef Courbet, aux cris de : Vive Ribot! le nouvel élu. Je joins ma voix à la leur, et félicite M. le marquis de Chennevières d'avoir désormais à compter le *Saint Sébastien* de M. Ribot parmi les œuvres du musée du Luxembourg placées sous son intelligente direction.

CHAPITRE IV.

QUELQUES AUTRES CANDIDATS A LA GRANDE MÉDAILLE.

... Mais on ne donne pas ainsi une grande médaille à un nouveau venu, surtout lorsque ce nouveau venu entre par la fenêtre sans dire : gare ! au lieu d'attendre patiemment dans l'antichambre qu'on veuille bien le faire entrer.

Oh! je ne nie pas les progrès opérés depuis vingt ou trente ans. On ose plus ; l'audace est presque adoptée ; mais quoique, selon toute probabilité, Eugène Delacroix aurait moins de mal à se faire admettre aujourd'hui, on a encore, selon moi, des progrès à faire.

M. Ribot est là heureusement.

Ce sont les hommes trempés comme lui qui révèlent le progrès et l'imposent à force de courage et de labeur ; ce sont eux que nous devons remercier, car, au risque de susciter bien des jalousies, bien des colères, bien des haines, ils vont droit leur chemin, la tête haute, la conscience tranquille, la bouche dédaigneuse pour les criards qui essaient, pauvres roquets, de leur mordre les jambes, car ils ont dans le cœur le sentiment du devoir accompli.

Je reviens à mes... candidats. Qui sont-ils ? voyons : M. Schrayer, et d'un ; M. Baudry, et de deux ; M. Chaplin, qui fait trois ; M. Corot, quatre ; puis un jeune paysagiste (vieux peut-être, je l'ignore) du nom de César de Cock, et qui a peint tout simplement deux petits chefs-d'œuvre, et ensuite M. Puvis de Chavannes, qui me paraît avoir réalisé complétement, cette année, le type de la peinture telle qu'il la conçoit.

Que l'on ne considère pas l'ordre que j'ai suivi dans la nomination de ces artistes comme des degrés où je place leur mérite respectif.

Comme il fallait commencer par l'un d'eux, j'ai pris le premier venu que le hasard aurait aussi bien pu placer en dernière ligne.

Pour appuyer cette assertion, j'ouvre la marche

par M. Chaplin qui nous envoie, cette année, deux charmantes toiles, dont j'aimerais mieux être le possesseur que le juge.

Le *Jeu de Cartes* est une œuvre pleine de distinction, de grâce coquettement mignonne.

La jeune fille est charmante dans son élégant costume Watteau ; son profil mutin, mais qui rappelle trop un petit dessin du peintre des *Fêtes galantes* exposé au Louvre, provoque le sourire. L'attraction qu'elle produit est invincible ; la charmante enfant qui apprend comment on peut perdre la fortune de son père et de son mari, ou voler celle de son partner, est délicieusement peinte. Son gracieux minois récrée l'œil, invite au baiser ; elle construit pour le moment un château de cartes, retenant son souffle, le cœur violemment agité. Le château de cartes détruit, il est probable que, pour la consoler, sa grande sœur lui proposera une bataille, une de ces bonnes batailles qui n'en finissent pas, et qui le disputent en longueur aux fameuses parties d'échecs du café de la Régence.

L'autre tableau est intitulé le *Jeu de loto*. C'est bien cela, en effet, c'est bien le calme de ce jeu propagateur et ami du spleen.

Une jeune fille coud, rêvant à toute autre chose

qu'aux arabesques noires qui bigarrent le buis sacré, comme dirait M. Joseph Prudhomme.

L'intérieur est modeste, le jour adouci, l'ordre règne dans la chambrette. Deux jolies fillettes tâchent de connaître ce jeu plein d'attrait, qui, plus tard, leur sera d'une grande utilité pour retenir à la maison leurs maris.

Ce tableau, selon moi, est préférable à l'autre ; ce n'est pas peu dire.

Dans les deux toiles, les chairs sont grassement peintes, les étoffes spirituellement touchées, la couleur agréable, pleine d'air et très-appropriée au sujet de M. Chaplin.

Cet artiste possède des qualités de facture et de relief bien rares à toutes les époques ; c'est un véritable réaliste... Oh ! ne vous effrayez pas, mesdames, c'est un réaliste de boudoir, un réaliste musqué, parfumé, ambré ; un réaliste à l'eau de rose ; mais, malgré tout, un réaliste.

Comme la fumée de tabac ne nous a pas complétement gâté le goût, nous avouons, nous autres qui formons la partie la plus laide du genre humain, à ce que vous dites, nous avouons, dis-je, que ce réalisme de la grâce et de la gentillesse nous fait grand plaisir, et nous remercions M. Chaplin de nous faire voir d'aussi jolies choses qui, passant sous son pinceau délicat, en sortent encore plus charmantes.

M. Baudry est l'auteur de la *Diane* qui règne en souveraine dans la salle des B.

Mon avis est que cette œuvre peut compter pour une des meilleures de M. Baudry.

La couleur de tout son tableau est originale, fine, sans puissance peut-être, mais bien individuelle, et n'a pas au moins cette fausse vigueur produite par les tons les plus bizarres et les plus discordants.

Le mouvement est tout plein d'une grâce amoureuse. Un charme indéfinissable anime cette jolie tête. Son beau corps se développe dans de fort belles lignes, dans une pose empreinte d'un naturel tout féminin.

M. Baudry nous conduit bien loin, cette année, de la *Fortune et l'Enfant*, exposé au musée du Luxembourg. Son envoi de cette année lui est de tout point supérieur.

L'agencement du tableau est nouveau, d'une originalité de bon goût, le ciel d'un ton charmant; le paysage, un peu sacrifié, est d'un fort joli ton.

Les modelés des chairs sont bien plus fermes que dans tout ce que je connais de M. Baudry; mais quel dessin incompréhensible dans les jambes de la gracieuse fille ; cela m'a bien étonné de la part de M. Baudry ; car ce n'est point son défaut ordinaire, qui est plutôt un penchant à se souvenir un peu des artistes qui l'ont précédé. Ce défaut se retrouve complet dans l'Amour, trop inspiré évidemment de la Renaissance. Cet Amour-là est dans maint et maint tableau des écoles vénitienne et florentine, et plus particulièrement sur les vieux panneaux de chêne, sculptés d'après les dessins de maître Roux.

M. Baudry s'en est souvenu, et il a eu grand tort.

Somme toute, l'étrangeté de son œuvre séduit beaucoup, sa composition est charmante.

Il y a aussi une toute petite toile signée Paul Baudry. C'est le *portrait de M****. Il est plein de distinction et de naturel, mais la facture est d'un aspect pénible et lourd.

Ainsi que je l'ai dit plus haut, M. Puvis de Chavannes me semble être arrivé à bien rendre la façon élevée dont il envisage la peinture.

Sa grande composition *Ave, Picardia Nutrix* est la suite de *Bellum*, de *Pax*, du *Repos* et du *Travail;* mais, selon moi, elle leur est de beaucoup préférable.

Le ton est plus décoratif, plus fin. Les personnages sont mieux dans l'air, l'agencement général de cette immense toile est plus magistral, le dessin des figures plus vrai, plus simple tout en étant plus étudié, plus élégant dans ses lignes, plus réaliste enfin.

Un des côtés de cette grande décoration représente la *Vendange* ou l'*Automne*. M. Puvis de Chavannes a bien compris son sujet et n'y a introduit, chose bien rare, aucun accessoire inutile, aucun remplissage de convention. Chaque personnage est là parce qu'il doit y être ; retranchez-en un, la composition sera boiteuse ; ajoutez-en un de plus, il s'y trouvera de trop. C'est un rare mérite, car il émane d'une sincère conviction artistique.

Dans le milieu de la toile, deux femmes demi-nues jettent dans la cuve des paniers de raisins dont bientôt sortira la purpurine liqueur. Le mouvement des vendangeuses est plein d'une grâce qui n'exclut pas la force ; ce sont bien là les femmes vigoureusement belles, telles que notre imagination les conçoit aux premiers âges.

Rien n'approche de la simplicité du dessin, des *nus* ; pas de muscles tortillés et ronds, pas de membres contractés ; une simple ligne pure et belle enveloppant tout le corps.

M. Puvis de Chavannes, dans le côté droit de sa composition, a représenté les différents travaux de l'âge primitif : la pêche, la chasse, le tissage et la préparation du chanvre et du lin. Là encore les mêmes qualités de dessin se retrouvent aussi complètes. Une grande rivière occupe le milieu du paysage et s'avance jusque sur le premier plan. Le ciel, d'un fort beau ton, reflète le bleu de son azur, le gris de ses nuages dans l'onde transparente ; dans le fond on aperçoit les silhouettes de quelques travailleurs. Ils forment dans la composition une fort belle masse, et sont groupés avec un rare bonheur.

M. Puvis de Chavannes a donc enfanté une œuvre fort belle dont on ne saurait trop le féliciter, le remercier même, la peinture forte et sérieuse n'abondant pas au Salon.

Ceci seul devait, selon moi, assurer au jeune décorateur la fameuse *grande médaille*.

Je passe à M. Corot, dont les œuvres ne sont pas tout à fait à la hauteur des tableaux exposés par lui en 1863 et 1864.

Dans un de ses paysages, exposé à côté du portrait de M. Cabanel, M. Corot a trop cherché la finesse du ton ; les gris perlés y abondent ; les lilas, les roses, les bleus, les verts tendres y sont en trop grande profusion et donnent un aspect trop nacré, trop opalisé au tableau. Celui exposé en face me plaît beaucoup plus.

M. Corot n'a pas cherché à enjoliver la nature et il s'en est bien trouvé ; la couleur, moins bourgeoisement agréable, est plus vraie, la poésie y est exprimée d'une délicieuse façon. La poésie, voilà l'éternelle jeunesse de la peinture de M. Corot : ses paysages font rêver, plongent le cœur dans une enivrante mélancolie, l'esprit dans une muette extase.

M. Corot est un des maîtres du paysage, le plus grand peut-être ; mais voici M. César de Cock, un nouveau venu, qui me paraît décidé à tailler une rude besogne à tous les peintres des bois, des eaux et des champs.

Deux charmantes toiles représentent M. César de Cock au Salon, et l'y représentent d'une façon inquiétante pour les amants fidèles de la nature, mais bien agréable pour les amis des arts non intéressés dans la question.

Lorsque j'ai vu ces tableaux si fins de couleur, si spirituels de facture, je ne savais lequel était le plus remarquable ; maintenant, que j'en ai rassasié mes regards, je les trouve tous deux également beaux.

L'harmonie générale en est fine, douce, mais très-énergique ; la lumière y est franche, les ombres puissantes. Rien d'affadi, rien de *lâché*, tout est traité selon son plan, sa nature, sa coloration particulière.

Dans le plus petit de ces paysages : *Cour de ferme à Veules*, une chaumière délabrée reçoit tout à coup un vigoureux coup de soleil; c'est à croire à une déchirure arrivée subitement aux toiles transparentes du plafond de la galerie, afin d'éclairer tout exprès le paysage de M. de Cock.

La seconde de ces toiles : *Vue prise à la cressonnière de Veules* (en Normandie), représente de grands arbres sur les bords d'un large cours d'eau. Le ciel est d'une finesse charmante, l'eau transparente comme le cris tal, la touche large et spirituelle.

M. César de Cock est un nouveau venu, mais :

« Ses pareils à deux coups ne se font pas connaître. »

Malgré cela, pas la plus petite médaille, c'est vrai, mais l'admiration des connaisseurs, ce qui vaut mieux.

M. Schrayer, lui, a été plus heureux en restant tout aussi méritant.

La *Charge de cavalerie à Traktir*, peinte par cet artiste, est bien composée, pleine d'entrain, de fougue et de force.

Un des chevaux attelés au char qui renferme les boulets et obus s'est pris la jambe dans le trait vigoureusement tendu par la marche effrénée de son camarade de devant.

Un malheureux soldat monte le cheval entravé, la fatigue l'a plongé dans une prostration physique et morale qui le rend insensible au danger imminent qu'il court.

Il est là, bien en selle, parbleu! C'est un vieux soldat qui compte trois chevrons. Les bras ballants, la tête que le cou n'a plus la force de soutenir, les paupières alourdies par l'excès de la fatigue, le pauvre cavalier suit tous les soubresauts de sa monture. Dans quelques instants peut-être il tombera sous les roues de ce canon, sous les pieds de ce cheval qu'il a si souvent conduit à la victoire.

Par terre, des morts et des blessés, et sur les morts et les blessés, comme une impétueuse tempête, passent hommes, chevaux, canons.

On croit faire un mauvais rêve lorsqu'on regarde ce tableau, brossé avec une verve incroyable.

Les types des soldats sont vrais, très-vrais; la nature des chevaux est bien celle des vigoureux animaux qui composent les trains d'artillerie. Le paysage, gai de sa nature, a revêtu cet aspect morne et désolé qu'apporte inévitablement la guerre et tout son attirail de mort.

Bref, cette œuvre est complète d'un bout à l'autre, quoique dans certaines parties on pourrait désirer plus de force et une facture moins égale, surtout dans les chevaux, un peu trop peints comme du coton.

Et, maintenant que j'en ai fini avec les artistes qui étaient en droit de songer à la grande médaille, il ne me reste plus qu'à leur donner ce simple, mais excellent conseil :

« Lorsque vous serez membres de l'Institut et du jury, faites un tableau quelconque, et accordez-vous généreusement la plus haute des récompenses, mettant à profit ce dicton :

« Jamais on n'est aussi bien servi que par soi-même. »

CHAPITRE V.

LA PEINTURE RELIGIEUSE.

N'est-ce pas bien prétentieux, bien naïf ou bien charitable de ma part de parler de la peinture religieuse exposée au Salon de cette année?

Je commence par celle-ci pour en être plus vite débarrassé, quoique dans un tableau ou deux, à défaut de conviction, de croyance, on puisse trouver une certaine compréhension artistique.

M. de Coubertin, seul, vient avec M. Leloir fils faire exception à la règle commune, bien qu'à mon avis le premier de ces deux artistes ne soit pas en progrès, si l'on veut se rappeler son envoi de 1863, la *Mort du P. Ravignan*.

Néanmoins, il y a de grandes qualités dans la *Mort*

de saint Stanislas Kotska, grande toile où règne un certain sentiment religieux, une recherche sincère du réalisme. Le servant qui examine le breuvage contenu dans le flacon que tient sa main est très-expressif dans son mouvement. Le moribond, étendu par terre, est posé d'une manière assez naturelle. Autant à en dire des autres personnages. Seule, la Vierge, qui, suivie d'une légion d'anges, descend doucement du ciel pour apparaître au mourant, forme une ligne rompant désagréablement l'ordonnance du tableau.

Que M. C. de Coubertin se souvienne un peu des écoles italiennes; et, sans aller si loin, qu'il consulte de temps en temps les œuvres d'Eugène Delacroix, qui possédait si bien l'entente de ces grandes machines.

M. Leloir fils trouve ici sa place. Sa *Lutte de l'Ange et de Jacob* a pour elle de grandes qualités de faire et d'expression, mais ce sont encore trop des modèles d'*atelier*, éclairés dans un jour d'*atelier*, dans des poses d'*atelier*. Si j'appuie là-dessus, c'est que M. Leloir fils est un artiste d'un vigoureux tempérament, un artiste convaincu, aimant le beau, mais n'osant pas en faire, de crainte de se fermer à tout jamais l'école des Beaux-Arts.

Oubliez-la franchement, monsieur Leloir ; vous avez déjà bien commencé. Soyez sûr qu'une école qui produit des artistes comme M. Vibert, des tableaux pareils au sien, est une voie déplorable à suivre, une lettre morte.

Une toile de M. Delaunay, la *Communion des Apôtres*, a obtenu une médaille ; son tableau, cependant, est d'une insignifiance pleine de candeur.

Le *Retour de l'Enfant prodigue*, que nous envoie M. Tabar, est une peinture vulgairement bonne, se traînant dans les profondes ornières d'une certaine routine ; triste folle, édentée, qui, chaque année, laisse une vieille ride pour en prendre une autre non moins vieille, mais plus en harmonie avec son temps, avec son époque.

Le fils repenti, à demi couché, est assez bien peint. le torse surtout ; car les jambes, mal modelées, sont *veules* et sans dessin.

Le père semble peu enchanté de l'arrivée de son gredin de fils, ou, s'il a le cœur en liesse, c'est un profond dissimulé qui cache bien sa joie. Il ne paraît pas du tout décidé à tuer le veau gras, et je crains bien pour le fils une réception en désaccord complet avec le texte sacré.

Le *Christ* de M. Schopin est fort grand. J'ai remarqué que M. Schopin aimait beaucoup, non pas la grande peinture, mais les grandes toiles. Chacun prend son plaisir où il le trouve.

Son camarade, M. Schnetz, le gérant de l'École de Rome, cet homme bonasse, qui, avec MM. Picot et Signol, ont contribué à former cette peinture si naïvement cocasse ; M. Schnetz, dont le talent n'a rien perdu de sa vétusté, envoie chaque année, avec un aplomb imperturbable, une ou deux toiles que l'on ne regarde pas, mais que l'on voit trop. Cette année-ci restera à jamais célèbre dans les fastes de l'art, par la confection du *Jérémie* de M. Schnetz.

Pour un Jérémie, ce bonhomme brun est assez drôle.

Je n'ai que cela à en dire.

J'espère qu'il ne s'en lamentera pas.

La peinture de M. Schnetz ressemble, à s'y casser le nez, à celle que font les tambours de la garde nationale, lorsqu'ils sont d'origine alsacienne, en admettant que ces honorables mélomanes *cultivent les beaux-arts*.

M. Doze doit être bien triste de voir que ses vulgaires imitations de Flandrin n'ont plus raison d'être depuis la mort de l'artiste de talent qui a décoré Saint-Vincent de Paul.

Un autre imitateur, M. Lévy, plus fort à la vérité, a obtenu une médaille. Déplorons cet encouragement donné à un autre genre de routine.

M. Lévy, auteur d'*Hécube retrouvant son fils Polydore,* aime Delacroix ; il a mille fois raison, mais il le pastiche ; il a cent mille fois tort. Qu'aurait-il donc fait si E. Delacroix n'était pas venu ? Il en aurait pastiché un autre. Mais, si cet autre n'avait pas existé, qu'aurait fait M. Lévy ? il aurait fait de la peinture selon sa conviction, selon son sentiment. Qu'il fasse donc comme s'il inventait la peinture.

Copier l'originalité d'un grand artiste, c'est aussi inintelligent que suivre un vieux routier.

M. Cavaillé expose une *Madeleine repentante* qui a bien un certain mérite, mais la composition de son tableau ressemble un peu beaucoup à la gracieuse œuvre du *Battoni.*

Que M. Aiffre soit bien persuadé que si le Christ n'avait fait que des miracles comme celui qu'il nous représente, les peuples entiers, les siècles passés, présents et à venir, n'auraient pas cru à sa divinité.

Dans le tableau de M. Aiffre, le Christ, tranquillement debout, mais peu d'aplomb, étend les mains sur les flots calmes comme la peinture de M. Signol. Les disciples du fils de Marie, tout étonnés du sérieux prodigieux avec lequel leur maître les fait poser, lui font des grimaces de gamin par derrière. C'est fort drôle.

Si M. Aiffre ne comprend pas cette divine figure du Christ, qu'il s'abstienne de la ridiculiser par ses compositions sans inspiration et sans grandeur.

Que de délicatesse, que d'esprit dans la peinture de M. Hoffmann! Cet artiste joint à la couleur de Blondel le dessin plein d'originalité de Mauzaize.

Madame A. Champein expose une *Sainte Famille* qui n'est ni faite ni à faire.

J'en dirai autant de celle de M. Louis Boulanger, qui est également l'auteur d'un *César et sa fortune*.

M. Jobbé Duval expose la *Conscience soutenant le Devoir;* c'est froid, correct; mieux que mauvais, moins que bon.

M. Manet, sur le compte duquel je reviens plus loin, a exposé un *Christ au milieu des soldats*. Le soldat de droite est bien peint, bien posé; il a tout à fait l'air d'un atroce sacripant, mais le mérite ne s'arrête pas là. Le Christ est presque beau.

Il y a quelque chose dans cette toile.

Un tableau de M. Lazerges, qui imite Ary Scheffer comme s'il était né pour cela, son œuvre est anodine et lénitive.

Je termine ce chapitre en disant à M. Gibert que *quand on prend du galon, on n'en saurait trop prendre;* ce qui signifie que lorsqu'on veut faire du Subleyras on fait du vrai Subleyras, on en copie, ce qui vaut mieux que l'imiter.

Je préfère beaucoup le *Saint Pierre crucifié* de Subleyras a celui de M. Gibert;

Et le *Joseph Ribeira* de M. Gibert au tableau du même artiste dont je viens de parler.

CHAPITRE VI.

BATAILLE. — GENRE HISTORIQUE.

Une des plus charmantes toiles de l'exposition, est le délicieux tableau de M. Bellangé, les *Cuirassiers à Waterloo.* Quel tohu-bohu, grand Dieu! les chevaux hennissent, se cabrent, volent, tombent, meurent; les soldats se battent, courent à la victoire, se précipitent dans la mort avec une énergie effrayante. C'est un incroyable pêle-mêle, une incomparable furie.

Tout crie, tout se meut, s'agite, se rue. C'est à croire que le Bourguignon ou le Parrocel a promené sa brosse fumante sur la toile de M. Bellangé.

Les types des soldats sont vrais; leurs poses prises

sur le fait ; les chevaux d'une grande exactitude de dessin, tout en étant très-élégants.

M. Bellangé nous a habitués à cela.

L'exécution du tableau est ferme, soutenue ; la touche grasse et bien posée, l'harmonie générale en accord avec le sujet si plein d'entrain et de fureur.

Un seul petit défaut dans les valeurs, qui sont trop uniformément brillantes, défaut ordinaire à tous les illustrateurs, dont M. Bellangé est la plus brillante personnification.

Si je parle de M. Regamey Guillaume, après cette œuvre pleine de brio, c'est que cet artiste n'est point un artiste ordinaire, faiblissant devant un tel rapprochement.

Ce nom me paraît tout à fait nouveau dans l'art ; donc l'artiste qui le porte a droit à une appréciation aussi consciencieuse, aussi sincère que sa peinture.

Les *Tambours de la Garde* ont frappé mes regards de prime abord. A la bonne heure ! voilà une excellente peinture d'une forte impression, d'un naturel heureusement trouvé.

Le tambour est dans l'armée une personnalité complétement à part.

M. Regamey a rendu cette pittoresque individualité avec une observation pleine de finesse.

Toutes les têtes sont vraies, leurs expressions justes, leur caractère scrupuleusement exact. Et puis, il est superbe, le tambour-major, avec son regard majestueux qui indique si bien l'outrageante pitié qu'il ressent pour la taille exiguë de ses subordonnés.

La couleur de ce tableau m'a paru lourde, le ciel trop sur le premier plan, malgré les fonds bien peints et très-aériens.

L'exécution est forte, tout en étant excessivement spirituelle.

M. Regamey doit être soldat, il faut avoir vécu au milieu d'eux pour les rendre avec cet esprit, avec cette prodigieuse exactitude. Je m'étonne, pour ma part, que cet artiste ne soit pas plus connu, soit si peu médaillé, car, à voir l'habileté de sa peinture, il ne doit pas en être à son coup d'essai.

M. Protais, un savant artiste aussi, est plus mou dans sa manière; sa couleur, d'une bonne tonalité, est cependant moins mièvre qu'il y a quelques années seulement.

Son tableau de 1865 est rempli de mérite, le ton y est chaud, la facture intéressante, les soldats sont bien ces hommes intrépides qui vendent leur courage à raison d'un sou par jour.

M. Protais est le peintre qu'il leur faut; on sent

qu'il les aime, et que, chez lui, les peindre est plus qu'un goût naturel, c'est un besoin.

Le *Siége de Toulon*, de M. Charpentier, encore un vaillant celui-là, est une bonne toile pleine d'esprit.

La facture de M. Charpentier est *amusante* (passez-moi le mot), sa couleur bonne, ses types finement observés.

Toutes ces qualités si diverses se retrouvent dans le *Siége de Toulon*. Bonaparte est debout; il examine les lieux. On voit bien que ce n'est point là un homme ordinaire. Dans le général M. Charpentier fait pressentir l'empereur. Ce n'est pas un mince mérite.

Encore deux minutes, nous dit M. Aillaud, et il nous montre le 1er régiment de zouaves attendant le moment où le général Mac-Mahon leur permettra de voler à la gloire.

Le colonel Lebrun, sa montre à la main, compte les minutes qui les séparent encore de l'immortalité.

M. Aillaud a peint un excellent tableau, car sa conception est bonne.

« Ce que l'on conçoit bien s'énonce clairement. »

Boileau l'a dit, M. Aillaud nous le prouve.

Ce sont là de vrais zouaves; c'est là une bataille, un moment décisif.

C'est encore autre chose ce tableau : c'est une excellente peinture.

Je voudrais pouvoir en dire autant de M. Armand Dumaresq pour son *Aumônier du régiment* et sa *Garde du drapeau*.

Eh quoi! monsieur, du sentimentalisme dans les casernes! En serions-nous arrivés là, bon Dieu! Non, non, je l'espère; n'y aurait-il que M. Bellangé pour me le faire croire!

Le *Défilé après la victoire*, de cet artiste, est une belle et bonne composition militaire, où les soldats sont peints tels qu'ils font la guerre, où la guerre est peinte telle que la font les soldats.

L'Empereur est monté sur une élévation ; de là, il domine toute la plaine dans laquelle ses soldats dé= filent devant lui. Son attitude, son visage respirent la gloire du vainqueur et aussi la tristesse que lui ins= pire le prix auquel cette même victoire a été achetée.

Il est là, debout, il les compte des yeux, mais il en manque, hélas! il en manque à l'appel!

M. H. Bellangé est un artiste sur le compte duquel j'aime à souvent revenir. Il reste une des plus brillan- tes, sinon la plus belle personnification de cette école française par excellence, préconçue par Gros, dont Raffet et Charlet ont été les peintres, et qu'a popularisée Horace Vernet.

Plus on regarde la peinture de M. H. Bellangé, plus elle paraît spirituelle et fine.

C'est un fait particulier aux bonnes productions seulement.

Comment faire pour parler de la *Chasse aux gazelles*, de M. Clément? Bah! j'aime mieux ne pas dire mon avis; je préfère donner un conseil à cet artiste : moins de châssis, moins de toile et plus de peinture.

CHAPITRE VII.

MM. BELLET DU POISAT, BOUGUEREAU, COURT, GÉRÔME, G. DORÉ, DEHODENCQ, DEVERIA, GLAIZE, YAN D'ARGENT, PERRAULT, VIBERT.

M. Bellet du Poisat, un artiste de bonne source, expose les *Hébreux conduits en captivité*. Cet artiste a montré dans ce tableau de grandes qualités d'arrangement, une bonne entente du groupe et de la ligne.

Sa composition est savamment ordonnée ; c'est là un tableau, et non une partie de tableau, comme le font souvent certains peintres, en général trop peu préoccupés de ce qui garnit les bords de leurs cadres.

La couleur de M. Bellet du Poisat est fort bonne, mais elle émane trop directement des maîtres, particulièrement de Véronèse et d'E. Delacroix; en un mot, elle n'est pas assez inspirée par la nature elle-même.

Les *Hébreux conduits en captivité* sont plus traités en esquisse qu'en tableau; acceptons-les ainsi, mais regrettons un manque total de vigueur dans certaines parties de cette toile.

J'ajouterai cependant qu'il y a peu d'œuvres aussi bonnes que celles de M. Bellet du Poisat.

Si je lui demande plus qu'aux autres, c'est qu'il est assez riche pour beaucoup donner.

Comme je ne suis pas un hypocrite, j'avoue sans honte que les deux immenses toiles de M. Court me le font peu regretter. C'était peut-être un charmant homme, d'un commerce agréable, mais c'était un triste peintre.

Il l'a suffisamment montré dans le courant de sa vie, depuis la *Mort de César*, qui est au Luxembourg, jusqu'à ces gigantesques tartines exposées cette année, et qui ont l'air d'être un défi porté au mauvais le plus absurde.

Par exemple, il est juste de dire que M. Court ne s'est pas démenti un seul instant.

M. Bouguereau, coulé à peu près dans le même

moule, ne peint pas à l'huile, il peint au beurre. Sa peinture est appétissante, on en mangerait!

M. Bouguereau expose une *Famille malheureuse*.

Voyons, pourquoi est-elle malheureuse, cette famille-là; n'a-t-elle pas tout ce qu'il lui faut? de bons et beaux habits tout neufs, et de plus en soie. Sa douleur provient-elle de ce que quelques taches ou quelques trous se montrent çà et là dans ses vêtements?

C'est impossible, vous sentez bien comme moi que ces taches ne sont qu'une facétie, qu'un trompe-l'œil du teinturier, que ces trous ont été faits pour avoir l'air pauvre.

Farceuse de famille indigente, de s'habiller ainsi!

Je ne sais si M. Gérôme a fait de sa cave son atelier, mais sa peinture est humide, sa couleur moisie, ses tableaux sentent la barbe de capucin.

L'Empereur, l'Impératrice, le Prince impérial, le Sénat, la Cour, le conseil d'État, les États-Majors, et puis du monde, du monde à n'en plus finir; des quantités de personnages, beaucoup, mais beaucoup plus terminés que vous et moi, des ambassadeurs siamois, même une nature morte; il y a de tout dans le tableau de M. Gérôme, excepté de l'art, bien entendu.

La *Prière du soir*, de M. Gérôme également (il n'y a que lui pour peindre comme cela), est effrayante de fini; on dirait que c'est exécuté avec des pointes d'aiguilles anglaises.

Si l'art est si peu de chose, je comprends qu'il y ait tant de gens qui s'en dégoûtent.

M. Gustave Doré n'est guère plus un peintre que M. Gérôme, mais au moins il cherche à le devenir; ensuite il a suffisamment prouvé qu'il était un artiste sérieux, original; si la palette ne lui va pas, un crayon à la main, l'éminent illustrateur fait merveille.

M. Dehodencq, au contraire, est un peintre dans toute l'acception du mot, un peintre puissant, spirituel, coloriste, plein de brio, de fougue, de séve et d'entrain.

Ses deux tableaux sont traités d'une façon très-habile.

Une *Fête au Maroc*, le plus petit des deux, est une jolie toile d'une excellente facture. Il faut les voir se réjouir, ces bons musulmans; ils vous donnent envie de danser avec eux, tellement ils y vont de bon cœur.

La *Bonne aventure*, dont les figures sont de grandeur naturelle, est une œuvre bien conçue, franchement peinte. Les types de ces bohémiens andalous sont vrais, celui du gitano, surtout, dont les traits impassibles ont toute la gravité espagnole.

On pourrait désirer plus de vigueur dans la robe de la gitane. Malgré cela, fort belle peinture.

. M. Dehodencq a obtenu une médaille ; il en mériterait plutôt deux qu'une.

Une *Rixe,* de M. Déveria, est un grand tableau qui fait des efforts de géant pour ressembler à Moïse Valentin. Il n'y arrive pas.

M. Glaize est représenté au Salon par un *Esclavage ;* froide peinture, sans conviction, sans qualités transcendantes.

Une femme nue est portée en souveraine dominatrice par des hommes de tous rangs, de tous états.

Cette femme n'est autre que la *Femme* personnifiée dans une grande figure nue.

M. Glaize aime beaucoup ces allégories, son œuvre est une fille directe du *Pilori,* belle peinture, noble et grande idée.

Je suis forcé d'avouer que M. Glaize n'a pas atteint le but qu'il s'était proposé dans sa nouvelle composition ; c'était cependant un sujet qui prêtait à l'imagination, mais que l'artiste n'a pas su rendre.

M. Glaize me semble s'être refroidi en achevant son œuvre ; il s'est enthousiasmé à froid ; on dirait qu'il s'est repenti d'avoir commencé un *Esclavage,* et qu'il ne l'a terminé que par raison,

On se tromperait si l'on croyait que l'œuvre de M. Glaize est de tous points incomplète : elle renferme des qualités de peinture trop inhérentes à sa nature pour qu'il ait pu s'en séparer complétement.

Mais que nous sommes loin du *Pilori!* grand Dieu! Fasse le ciel que M. Glaize nous y ramène bientôt.

M. Yan d'Argent expose une colossale vignette en peinture. La *Mort du dernier barde breton* est un dessin probablement destiné au *Journal pour tous* et que cet artiste a jugé à propos de grossir cinq cents fois.

M. Yan d'Argent nous rappelle la spirituelle fable du *Phrygien* que La Fontaine termine par cette éternelle vérité.

« De loin c'est quelque chose, et de près ce n'est rien. »

Ce n'est pas comme la peinture de M. Perrault, celle-là n'est bonne ni de loin ni de près.

Courage! monsieur, courage! en travaillant beaucoup, en persévérant dans l'intelligente voie que vous suivez, il est très-probable que vous pourrez arriver un jour à l'art puissant, convaincu, tendre, mais énergique du bucolique et impressionnable M. Bouguereau.

Avez-vous vu la peinture de M. Vibert? c'est ravissant de naïveté. Voici ce que j'ai pu voir à travers la crème de son tableau : un grand animal, dont j'ignore le nom, tire la langue à un homme à genoux qui ronge ses ongles ; l'estimable quadrupède tient sous ses pieds un grand ouvrage de sucrerie représentant une femme probablement faite par l'homme à genoux.

Que veut dire tout cela ? est-ce un..... bah ! si vous avez vu le tableau, vous ne devez pas tenir énormément à ce que je vous en parle, et, si je continuais, vous pourriez croire que j'y prends plaisir.

Ne restons pas sur la mauvaise impression du tableau de M. Vibert, et quittons sa poésie larmoyante pour les sincères réalistes, les fins observateurs, les propagateurs du vrai.

CHAPITRE VIII.

Courbet, Mérino, Fantin, Oulevay, Vollon, Whistler, Manet,
Bouvin, Roybet, Blum, Mlle Collart.

Il est assez difficile de parler de la *Famille Proudhon,* portraictisée par maître Courbet.

En effet, si les défauts y règnent avec une persistance soutenue, d'immenses qualités sont là, fidèles
gardiennes du talent de leur maître, pour prouver
que, si elles n'occupent pas tout le tableau, elles sont
disséminées un peu partout, et atténuent par leur
valeur les imperfections dans la peinture du vigoureux artiste.

L'harmonie de cette toile est uniformément grise,

voilée, trop fade. C'est un complet revirement dans la manière du fougueux apologiste de la nature.

La tête du célèbre publiciste est parfaite de ressemblance ; la main appuyée sur la cuisse est un chef-d'œuvre rendu. Malheureusement cette cuisse est raide, s'emmanche mal. Si encore sa camarade de gauche valait mieux ! mais non, loin de là !

L'écrivain socialiste est assis, tout pensif, sur les marches de pierre qui forment le seuil de la porte de sa maison ; il réfléchit à quelque nouvelle conception. Son œil profond, son front large, son énergique figure révèlent le penseur.

Un peu plus loin, sa femme est occupée à faire jouer ses petits enfants, sans déranger le père dans ses méditations.

Le visage de madame Proudhon est empreinte d'une douceur, d'une bonté, d'une tendresse pleine de sollicitude pour ses chers petits ; l'un d'eux remplit de terre une petite assiette de faïence.

Dans le fond, une palissade de bois vermoulue laisse entrevoir le feuillage de quelques arbres.

Tout cela est naïf, attachant, mais de tout temps les défauts ont plus attiré le regard que les qualités.

Pourquoi faut-il qu'il y en ait d'aussi considérables dans cette toile si pleine de mérite et de franchise ?

Cela ne devrait pas être permis à l'illustre artiste dont le pinceau sincère a produit la *Curée*, le *Chasseur*, les *Baigneuses* et tant d'autres toiles remarquables par leur individualité.

Ce mot convient aussi parfaitement à la peinture de M. Mérino, un des artistes les plus francs et les plus sérieux, les plus savants peut-être parmi les réalistes.

Un vieux moine a convoqué ses frères à venir juger sa dernière toile, car il partage ses loisirs entre la brosse et le chapelet.

Debout, à côté de son œuvre, la palette en main, l'artiste montre son tableau.

Les *Critiques* sont magnifiques de geste, d'expression, de finesse. Un d'eux surtout, plus jeune que les autres, est frappant de vérité ; il est là, indiquant à son voisin le tableau ; il semble lui dire : Ne trouvez-vous pas, cher frère, qu'il manque à l'ensemble de la composition ce *je ne sais quoi*...

M. Mérino nous le montre prononçant cette dernière phrase, que l'on applique plus ou moins à toutes les œuvres d'art.

Ce fameux : *je ne sais quoi*... a tué et élevé plus d'œuvres d'art que toutes les critiques ou toutes les apologies n'en sauraient faire.

C'est souvent la raison des gens qui n'en ont point.

Quant à moi, je saurais très-bien définir pourquoi le tableau de M. Mérino est excellent. D'abord, par la couleur qui est puissante et chaude ; par la facture simple et concise, ensuite par l'harmonie générale qu'adoucit un jour d'intérieur. Joignez à cela une étonnante observation des valeurs, et vous aurez une idée exacte du tableau de M. Mérino, si, pour votre malheur, il a échappé à vos regards.

M. Fantin, l'admirateur passionné de tout ce qui, dans l'art, est doux et fin, puissant et coloré, énergique et gracieux, le chevalier assidu de *Dame Vérité*, s'est peint lui et tous ses amis, fêtant dans un banquet spirituel la pauvre fille que sa nudité a fait chasser de presque tous les ateliers.

Honnie de tous, ne sachant où aller, elle retournait au fond de son puits, lorsqu'elle fut rencontrée en route par quelques jeunes gens qui la cherchaient, tout tristes de ne la trouver nulle part.

Jugez de la fête ! On la recueillit, on la réchauffa, on lui prodigua des consolations. mais pas de vêtements ; sur ce point-là tout le monde fut d'accord, surtout la Vérité.

Croyez-vous qu'on la couvrit de bijoux ? non, certes !

un beau bouquet déposé à ses pieds par ses fidèles servants lui fit beaucoup plus de plaisir.

C'est le moment choisi par M. Fantin ; ils sont tous là les jeunes réalistes, dégustant le bon petit vin bleu qui donne la force et le montant, portant de chaleureux toasts à la jeune déshéritée, saluant son heureuse venue par de joyeux vivats.

C'est à croire que dans leur ivresse ils vont chanter tous en chœur le *Baptême du petit Léon*.

En attendant, c'est franchement peint, bien dessiné, plein de conviction ; c'est jeune comme le printemps, confiant comme la jeunesse.

Le portrait de M. Whistler, vêtu d'une robe noire bigarrée de fantastiques arabesques, est un morceau de peinture comme l'on en fait peu ; celui de M. Fantin pareillement.

Par exemple, je suis forcé de reconnaître que des malheurs et des revers n'ont pas peu contribué à enlaidir la Vérité.

C'est ce qu'il y a de moins vrai dans le tableau, mais il y a tant d'autres bonnes parties !

Dans l'*Olympia*, de M. Manet, ne vous en déplaise, il y a plus que du bon, il y règne de solides et rares qualités de peinture. La jeune fille est d'un ton mat, ses chairs sont d'une délicatesse exquise, d'une finesse, d'un rapport juste sur les draps blancs. Le fond est charmant, les rideaux verts qui ferment le lit sont d'une couleur légère et aérienne. Mais le public, le gros public, qui trouve plus commode de rire que regarder, ne comprend rien du tout à cet art trop abstrait pour son intelligence.

J'avoue que M. Manet a tort d'exposer les œuvres qu'il produit chaque année ; elles sont remplies d'intérêt pour les artistes et les hommes spéciaux qui voient plus loin que le soulier ; mais comment peut-il croire que jamais on admette comme *arrivée* cette peinture si en dehors de tout ce que l'on connaît ?

M. Manet, que je n'ai pas l'honneur de connaître, est un artiste qui a toutes mes sympathies ; je suis ses expositions depuis quelques années, et j'ai toujours trouvé en lui le même homme sérieux, convaincu. C'est un peintre que rien ne décourage ; je lui dois donc la vérité.

Selon moi, le jour où M. Manet arrivera avec une œuvre plus compréhensible pour tout le monde, ce sera à qui lui fera fête ; les hommes d'art le féliciteront d'avoir réalisé les espérances qu'ils ont fondées sur lui, et le *servum pecus* sera abasourdi d'apprendre que M. Manet n'est pas complétement fou ; croyance

généralement répandue dans toutes les arrière-bou-
tiques.

Si ces braves gens, qui plaisantent grossièrement
M. Manet, pouvaient savoir le peu qu'il faudrait pour
leur rendre lisible cette peinture trop artistique; s'ils
savaient combien sont rares l'originalité, la finesse
dans la couleur et l'harmonie, ils ne tueraient pas
sous de vulgaires railleries un homme convaincu
que l'on irrite par un présomptueux dédain.

Demandez à tous les artistes sérieux et non ja-
loux, demandez-leur ce qu'ils pensent de M. Manet;
ils vous répondront tous que ce jeune homme est
plein de brillantes qualités, mais que ce qu'il fait ne
peut être considéré que comme des essais impétueux
et pleins d'audace, et que les plaisanteries peu atti-
ques du public l'engagent à s'en amuser comme un
enfant terrible.

Si cet artiste fût venu au temps de Velasquez, l'illustre Espagnol eût fortement encouragé le hardi
jeune homme; il l'eût sincèrement engagé à persé-
vérer, sans prendre garde au qu'en dira-t-on, il lui
eût dit : « Continuez, monsieur, laissez dire et faites!
« Soyez persuadé que certaines gens vous compren-
« dront; n'exagérez pas vos qualités, elles devien-
« draient des défauts; acharnez-vous à rendre la na-

« ture dans toute sa vérité ; peignez beaucoup le
« *morceau*, mais gardez bien précieusement votre
« tempérament artistique ; marchez avec conviction
« dans votre voie. »

Feu M. H. de Vieil-Castel, le critique érudit, dont
on ne contestera ni le savoir ni le bon goût, avait
bien compris le charme poétique de la peinture de
M. Manet, et il le lui a dit dans ses feuilletons de la
France, au risque de se faire passer pour fou par
cette vaste famille de Prudhomme, qui croit que
l'œuvre de Raphaël git tout entière dans la *Vierge à
la chaise*, et qu'après le peintre d'Urbin, la seconde
place revient de droit à M. Horace Vernet.

Raphaël, Horace Vernet, voilà les seuls artistes
admis par certains *bourgeois ;* de même qu'ils ne
connaissent de Bonaparte que le petit chapeau et la
redingote grise ; de Voltaire, que sa passion pour le
café ; de saint Louis, que le chêne de Vincennes ; de
l'esprit humain, que la sottise.

Eh bien ! moi, je n'hésite pas à le dire : M. Manet
a le tempérament d'un peintre, l'inspiration poétique, le charme de la naïveté, des tons, des finesses,
et un côté vivant que peu d'artistes possèdent.

Libre à vous de ne pas me croire.

M. Vollon, médaillé de cette année, a exposé

une *Cuisinière* récurant un superbe chaudron de cuivre.

M. Vollon nous montre la besogne à peu près terminée ; la maritorne regarde le spectateur avec un air de satisfaction très-visible.

Ses gros bras rouges et poisseux, encore humides des eaux grasses, sont viandus à donner envie de les pincer.

Une casaque rouge, d'un ton très-fin, enveloppe son vigoureux torse, bien à l'aise dans ce vêtement.

Les écuelles, cruches et divers ustensiles, sont rendus peut-être avec trop de force pour l'exécution un peu molle du sujet principal : la servante.

Somme toute, excellente toile, vraie peinture. De la cuisine passons au cabinet du maître, de l'artiste, peint par M. Oulevay.

Je connaissais déjà l'esprit incisif de l'humoristique M. Oulevay, son *Salon pour rire* de 1863 indiquait de singuliers rapprochements entre les œuvres de MM. Daubigny père et fils ; c'étaient de petits coups d'épingle qui avaient bien leur mérite. Mais voilà que tout à coup il devient sérieux. Bravo ! monsieur Oulevay ; voilà de la vraie peinture, pleine de ce charme attractif que possède tout art fin et délicat. Votre tableau est excellent, votre musicien bien posé; vos accessoires trompent l'œil, tant les valeurs sont justement observées; l'harmonie du tableau est remplie de finesse et de distinction.

La distinction, ce mot nous transporte dans le pays de la porcelaine, avec M. Whistler pour compagnon de voyage; il est le peintre ordinaire de la princesse de ce pays.

Cette grande figure, fine de ton, si élégante de mouvement, si riche de simplicité, est une délicieuse improvisation d'un esprit fantaisiste.

Voilà qui sort de l'ordinaire.

Ici, vient naturellement le nom d'un homme célèbre, M. Bonvin. Je ne le placerai pas au *banc des pauvres* comme cette pauvre vieille qu'il a peinte.

Cet artiste est riche par son talent, la même vieille nous le prouve. De tout temps la pauvreté a fait ressortir l'opulence.

M. Bonvin est une des plus brillantes originalités de cette école qui cherche la poésie là où on n'avait su trouver jusqu'à présent que la vulgarité, comme si tout dans la nature n'avait pas un charme puissant et attractif! Toutes les qualités de ce peintre se retrouvent dans son charmant tableau; l'ampleur, la naïveté dans le sentiment, la force dans l'exécution, la solidité dans la couleur.

Dans chaque nouvelle toile, M. Bonvin nous fait voir un côté encore inconnu de son talent. Il est le Champfleury de la peinture, comme M. Champfleury est le Balzac de son genre trivialement observateur, poétiquement vulgaire, délicatement rustique.

Avez-vous remarqué avec quelle facilité M. Bonvin varie son sentiment? Comme il est toujours l'esclave d'une impression? S'il peint une scène de la vie intime de couvent, à travers le bâillement de la porte qui est au fond des cuisines, on croit entendre les chants religieux, les tonnerres ou les suavités de l'orgue; toute la scène respire un air de renfermé, une atmosphère bien isolée tout à fait à Paris au milieu du tumulte et de l'agitation.

Si, par contre, il se met dans la tête de peindre l'intérieur de la cuisine d'une maison ordinaire (car M. Bonvin aime beaucoup les fourneaux), comme on sent bien que tout cela vit de la vie commune; ici aujourd'hui, ailleurs demain, M. Bonvin a mille manières de rendre toutes les finesses de ses observations. Je ne saurai trop dire comment il s'y prend pour faire sentir des nuances si délicates; je ne sais par quel côté il diffère dans ses tableaux, mais il n'est jamais le même : son pinceau, très-humble valet de son imagination, se promène du cloître au cabinet, de la maison bourgeoise au modeste taudis du pauvre diable.

Cette année-ci, il a plu à M. Bonvin de nous mener à la messe ; vous l'avez suivi comme moi. Peut-être, en 1866, cet artiste nous conduira-t-il au bagne, et nous le suivrons encore.

Quand j'étais enfant, je me souviens que l'on me contait souvent une histoire fantastique qui avait son côté poétique et sa petite moralité : Il était une fois un grand diable de géant qui, un jour, alla dans un village pour y faire son métier de géant, c'est-à-dire le mal. Arrivé sur la grand'place, là où tout se groupe, l'église et le café, la mairie et le garde champêtre, le géant tira de son havresac une magnifique flûte de Pan, et, la portant à ses lèvres, il se mit à en tirer des sons tellement mélodieux, que tous les enfants s'échappèrent du logis pour venir l'entendre. Bientôt l'école fut déserte, les granges vides, les livres fermés, les fourches inactives ; tous les gamins, subissant le charme, accoururent aussitôt et l'entourèrent en un instant.

Le géant n'avait pas plus tôt terminé un air qu'il en commençait un autre, encore plus entraînant ; il joua une heure, puis deux. Les mères avaient beau appeler leurs enfants des noms les plus doux, les pères avaient beau jurer leur grand Dieu! rien n'y faisait ; les jeunes dilettantes, subitement atteints de mélomanie, n'auraient pas quitté la place pour un jambon.

Tout à coup, le géant se leva sans cesser ses intarissables mélodies, il se mit d'abord à marcher à pas lents, son auditoire fit de même. Après avoir dépassé la seule et unique rue de la bourgade, le géant, toujours la flûte aux lèvres, pressa le pas ; les enfants, toujours plongés dans une muette extase, le suivirent, et les mères appelaient, et les pères criaient... Soudain, se voyant loin de toute cabane, le géant se mit à courir ; ses jeunes fanatiques, emportés comme par un tourbillon, volaient à sa suite, les lèvres sèches, le cerveau tari, les narines dilatées.

Les prairies, les bois, les monts, les ravins, les précipices, aucun obstacle n'arrêtait cette course furibonde de l'enchanteur et des enchantés, si bien que, que... Ah! ma foi, je ne me souviens plus de ce qu'il en advint.

Toujours est-il que mon intention, en vous racontant cette pittoresque légende, était de personnifier M. Bonvin dans la personne de l'enchanteur. Espérons que cet artiste n'abusera pas de son pouvoir pour nous faire arriver malheur.

Puisqu'il faut quitter ce vigoureux peintre, tâchons

de ne pas le faire trop brusquement, et, pour cela, goûtons un peu au *Déjeuner accepté sans cérémonie* que nous offre M. Schmidtz, un réaliste élève de Flandrin !

Une petite fille, nullement bergère, sans aucune houlette enrubannée, offre des épluchures à deux beaux moutons dépourvus de toute faveur rose ou bleue, mais couverts d'une opulente toison rarement savonnée.

Voilà le tableau de M. Schmidtz, une excellente peinture que cet artiste a tort d'appeler un déjeuner ; c'est un excellent plat, un véritable dîner très-artistique.

Il y a peut-être encore un peu de Flandrin dans la petite fille, dans sa robe noire surtout. Mais qu'importe !... Cependant, soyez franchement vrai dans tout, monsieur Schmidtz, oubliez totalement la peinture telle qu'on l'apprend à l'atelier.

Mais en voici bien d'une autre ! Qui a peint cette *Fille de ferme ?* Pour le coup, ceux qui aiment le réalisme ont là de quoi contenter leur appétit, quelque vorace qu'il puisse être.

Une solide gaillarde tire à elle une énorme fourchée de fumier. A voir ses gros bras rouges, ses mains calleuses, on sent bien que ce n'est pas là une délicate princesse, méchamment condamnée par une pernicieuse fée à de *grossiers travaux, à de viles occupations*. Non pas; née dans une étable, elle tient à la fois autant des robustes bestiaux qu'elle soigne, que de ses père et mère.

C'est une vraie fille de ferme.

La couleur de ce tableau est bonne, un peu vineuse, ce qui lui donne un faux air Bonvin (sans jeu de mots).

N'importe, M. Collard est un peintre d'un vigoureux tempérament. Je reviendrai plus loin sur son compte dans le chapitre consacré aux peintres d'animaux.

J'ouvre le livret qui m'apprend que M. Collard est une demoiselle, je suis confondu!

Que M. Roybet fasse de la peinture forte et puissante, je n'en suis pas étonné; mais une femme, une faible femme!..... En voilà assez pour bouleverser toutes mes idées, pour détruire tous les jolis petits paradoxes que j'avais conçus dans mon pauvre cerveau.

Moi qui croyais que les femmes n'aimaient que Watteau, Lancret, Raymond Lafage, Boucher, etc... Voilà que j'apprends que maitre Courbet leur a changé complétement le goût; que le fumier ne leur fait pas peur, et qu'une maritorne les soulève d'enthousiasme.

Mes compliments, mademoiselle, vous n'y allez pas de main morte !

Je reviens à M. Roybet, un véritable et jeune artiste, un fanatique de la vérité.

Il a peint une musicienne chantant en s'accompagnant de la guitare.

Il a intitulé son tableau une *Musicienne*, ce qui m'a confirmé dans l'opinion que je ne m'étais pas trompé dans mes suppositions, lorsqu'en la voyant je m'étais dit : Voilà du bon ! Qu'est-ce ? Une musicienne. Qu'il est donc facétieux le livret !

Si M. Roybet avait nommé son tableau Marius à Minturnes ; ou bien Cyrus à la cour d'Astyage, son grand-père ; ou bien encore une Orgie à Herculanum ; sa toile eût été impitoyablement marquée au dos de ce fatal R, désespoir de tant de jeunes gens. Le jury eût été effrayé de ce peu de compréhension du sujet, et se serait écrié : Où allons-nous, mon Dieu ? L'art s'en va ! l'art s'en va !!...

M. Roybet l'a parfaitement compris, et il a gravement inscrit son œuvre sous la légende : une *Musicienne*.

Ce tableau est franchement peint, tous les accessoires sont traités avec une vérité surprenante. La nature morte, posée par terre et sur la table, fait un véritable trompe-l'œil.

De la chambre je vais à la cuisine ; entrez-y avec moi. Là, encore, il y a les mêmes qualités, mais un peu trop la même femme.

Monsieur Roybet, souvenez-vous que Metzu, Terburg, Ostade, Velasquez, Zurbaran, Murillo étaient des réalistes, et, par cela même, ils peignaient une servante comme une servante, et une grande dame comme une grande dame.

Autre chose encore : ne vous croyez pas obligé de faire noir, parce que M. Ribot fait noir ; ce n'est pas à cause de ce défaut que cet artiste est un grand peintre.

Ce que je vous dis là n'est pas pour vous seulement ; M. Blum peut en prendre sa petite part, quoique son *Rémouleur* ait un aspect étonnant. Sa pose est bien celle d'un rémouleur rémoulant. Voilà l'essentiel.

Aux derniers les bons.

M. Prevost est un bon, aussi l'ai-je gardé pour la bonne bouche. *Son Altesse Royale Madame Isabelle de Bourbon* forme avec sa famille un groupe bizarre, un tableau d'une singulière originalité.

J'aime cet art étrange, il a pour moi un attrait indescriptible qui m'empêche d'en voir les défauts, s'il y en a. Cette peinture m'a frappé tout d'abord, son caractère étonne, saisit, s'impose à vos regards comme les portraits d'Antonis de Moor.

Si le but de l'art est d'impressionner, M. Prevost est bien près d'y arriver. Ses deux portraits, d'une excellente conception, sont là qui nous le prouvent.

CHAPITRE IX.

MM. Moreau, Matejko, Lenepveu, Amaury Duval, Julian,
Marqucrie, Giacomotti, Delaunay, Chifflart.

Dans son tableau de l'année dernière, M. G. Moreau avait l'air de proposer au public un véritable sphinx à deviner. Cette année-ci il a fait de même.

Le *Jeune homme et la Mort* que cet artiste a dédié à la mémoire de Théodore Chasseriau, son ami, est une œuvre bizarre sur laquelle on réfléchit bien longtemps, crainte de la juger trop à la légère. J'en dirai autant pour *Jason et Médée*, du même auteur.

M. Moreau est en ce moment l'objet de grandes discussions; cela prouve d'abord très-clairement que ce n'est pas un homme ordinaire. S'il y a des opinions différentes, favorables ou défavorables à cet artiste, il reste à savoir laquelle prévaudra. L'art de M. Moreau est difficile à définir ; sa pensée y est écrite, claire et limpide, son sentiment est très-personnel ; pourquoi donc discute-t-on avec autant de force la peinture de cet artiste? Je vais vous le dire. Croyez-vous que, si vous envoyiez une généreuse offrande à un pauvre diable et que vous lui fassiez dire : M. Paul ou Édouard vous fait remettre ceci, alors que votre véritable nom est Athanase ou Cléopâtre, croyez-vous que ce pauvre diable vous en aura de la reconnaissance à vous? Non! et pourquoi en aurait-il? vous lui donnez votre argent et signez votre envoi d'un nom qui n'est pas le vôtre ; vous y apposez celui de Paul au lieu d'y mettre le vôtre : Athanase.

Voilà M. Moreau, il pense avec l'esprit qui lui appartient, avec le cerveau que le ciel lui a donné, il sent, s'émeut avec le cœur que Dieu lui a mis dans la poitrine, et, comme honteux de concevoir et d'être impressionné, il livre son cœur, l'œuvre de son esprit et de son âme, sous une formule qui n'est pas la sienne.

Il compose, il dessine, il peint ; son tableau est bien de lui, sa conception est tout à fait personnelle. Ne croyez point qu'il la montrera ainsi! Non pas! il l'entourera d'archaïsme, cernera son dessin d'un contour sec, ajoutera une colonne de feuillage par ci, indiquera un fond de rocher par là, de façon à ce que l'on soit en droit de lui dire :

« Je vous connais, monsieur; vous vous êtes appelé autrefois Mantegna, vous vous nommiez aussi Léonard de Vinci. »

Et on a raison, tout le monde n'est pas tenu de savoir que l'idée de M. Moreau est la sienne, puisque la manière dont il l'exprime ne l'est pas.

C'est cependant dans de bien petits détails que languit, que meurt l'individualité de M. Moreau. Avec combien peu de chose on ferait pour certaines gens un Rubens d'un bas-relief antique ! Une draperie d'un côté, un ventre de l'autre, quelques plis sur une cuisse, du vermillon dans les joues, et des cheveux blonds ruisselants de lumière; il ne faudrait que cela.

Pour le vulgaire ce serait du Rubens, pour les connaisseurs ce serait de l'antique en folie de carnaval; ils riraient de la supercherie et ne se laisseraient pas prendre à ce grossier trébuchet.

Pour moi, l'art de M. Moreau est le bas-relief en question; il a beau l'habiller, le déshabiller, le tourmenter de mille façons, ce qui lui appartient est bien à lui, sa personnalité reste toujours elle-même.

Pourquoi? parce que M. Moreau est un penseur, un homme de cœur, un véritable artiste, parce qu'il aura beau s'ingénier à faire croire qu'il dérobe son art à Mantegna ou au Vinci, les hommes de bonne foi ne voudront pas le croire. S'ils aiment l'art pour l'impression qu'il produit, ils seront émus devant ce beau, ce radieux enfant que la mort va toucher; cette mort horriblement belle s'offrira souvent à leur imagination, ils croiront voir ses grands yeux voilés, ses chairs pâles et livides, ses mouvements cadencés, et finiront par en avoir peur.

Non, ce n'est pas Mantegna qui a peint cela, c'est M. Moreau; ce n'est pas Mantegna qui a conçu cette belle et grande idée d'un homme qui tombe frappé par la mort au moment où il va se couronner d'immortalité. Encore une fois, ce n'est pas lui, c'est M. Moreau.

Pourquoi donc cet archaïsme, pourquoi cette raideur voulue, pourquoi ces quelques petits détails. innocents larcins qui, dans l'art, deviennent de grandes fautes? pourquoi dans le *Jason* cette colonne bizarre qui rappelle le xve siècle?

Pourquoi enfin, monsieur Moreau, essayez-vous de tuer votre peinture si tristement pensive, si doucement mélancolique; votre art si grand, si noble, si élevé, par ces détails qui ne vous appartiennent pas, par ces détails qui n'apportent à votre tableau que des réminiscences?

Rendez à Mantegna ce qui lui revient, un détail de draperie, un liséré d'étoffe, un système de coiffure, un ornement, rendez-lui tout cela, monsieur Moreau, car vous le lui avez pris. Mais gardez, gardez précieusement cette fleur de jeunesse, cet art pur et beau qui, dégagé de tout archaïsme, fera inscrire votre nom à côté de celui des plus grands peintres.

Cette année-ci déjà M. Moreau est moins archaïque, Dieu fasse que l'année prochaine il ne se souvienne de cet archaïsme que pour le regretter.

M. Moreau est un poète, un penseur, de plus un peintre dans toute l'étendue de ce mot. Le *Jeune homme et la Mort* est une œuvre d'une suavité, d'un sentiment vrai et profond. J'ai été, pour ma part, fortement ému par la vue de ce tableau, dont le premier aspect m'avait déplu. Peu à peu j'ai fini par y découvrir l'œuvre d'un artiste sérieux, d'un dessinateur, d'un coloriste, d'un poète surtout. Ah! j'insiste sur ce mot, car nous n'en avons plus : avec Delacroix s'est éteint le dernier!

Je ne veux pas détailler les œuvres de M. Moreau; je ne le pourrais pas, car je serais arrêté à chaque éloge par un rappel d'archaïsme; au moment où je trouverais une partie fort belle, Mantegna arriverait prendre mes compliments pour lui. Il ne ferait que rendre à M. Moreau la monnaie de sa pièce.

Je ne peux cependant pas en finir avec cet artiste sans parler encore de la Mort qui touche le jeune homme. M. Moreau a compris la Mort d'une nouvelle façon; elle est belle, cette grande femme, si gracieuse dans sa pose d'ange du repos; elle est entraînante; cependant on sent que les vers rongent ses yeux, qu'elle pue le cadavre! Elle est horrible, elle est hideuse, elle donne le frisson! Et cependant elle est belle.

Moins l'*archaïsme*, voilà l'art tel que je le comprends. Du reste, que l'on essaie de regarder après ces deux tableaux certaines œuvres soi-disant plus individuelles, et on verra combien l'art fin et délicat de M. Moreau est supérieur à ces vulgarités qui abondent à toutes les expositions, et dont on ne sait que dire tant leur médiocrité est désespérante.

M. Matejko, un artiste polonais, un peintre savant et convaincu, a envoyé à l'exposition une grande toile représentant une scène historique de son pays.

Les Polonais ont cela de bon, que l'amour de la patrie leur tient au cœur, et qu'ils passent toute leur vie soit à l'illustrer, soit à la défendre, à moins que, trop pauvres ou trop humbles, ils n'aient que la ressource de la pleurer.

M. Matejko a peint le prêtre Skarga prêchant devant la diète de Cracovie, qui s'assembla en 1592, et à laquelle assistaient Sigismond III, roi de Pologne. la reine Anne, Jagellon, l'archevêque Kankoski, pour ne parler que des plus marquants.

L'auteur de cette belle composition mérite à tous égards les plus grands éloges. La donnée de son tableau était peu intéressante par elle-même; il fallait donc trouver un côté pittoresque, des portraits ressemblants, rendre dans la pose de chaque personnage les impressions diverses produites par la parole du prêtre Skarga.

M. Matejko a fait plus que cela. Il règne dans son tableau un parfum de l'époque, une couleur locale, une animation, une variété, une puissance que Paul Delaroche, le créateur de ce genre, n'a jamais atteints, même dans ses tableaux les plus célèbres.

Debout, le geste énergique, l'œil enthousiaste, le prédicateur interroge toutes les consciences, fouille les cœurs qui ne sont plus maîtres de leurs impressions, domine tous les assistants subjugués par sa parole entraînante.

C'est une fort belle étude du cœur humain, et celui qui a pris la peine de lire l'histoire de cette désolée Pologne reconnaitra, dans l'attitude, le geste, l'expression de chaque personnage, l'homme politique, l'homme de l'histoire.

J'arrive au côté pratique du tableau en question, à la partie artistique qui n'en est pas la moins importante.

Le roi Sigismond, assis sur une espèce de trône, est supérieurement compris ; c'est bien là un roi, c'est bien là Sigismond III surtout. L'archevêque Kankoski, placé à droite du tableau, parait tout abattu des paroles ardentes du prêtre. Jagellon, debout, subissant l'influence commune, semble demander compte à son cœur de ses battements précipités. A ses côtés sont la reine Anne, la princesse Ostrog, Hippocy Pociej, les ambassadeurs d'Autriche et de Suède, les opposants à la jonction des couronnes de Pologne et de Suède.

M. Matejko possède une variété d'exécution surprenante ; son dessin est correct, sa couleur forte, puissante, énergique ; mais elle est vineuse, ce qui lui donne un aspect un peu lourd.

Malgré ce défaut, son œuvre reste une des plus importantes du Salon, et contribue pour sa bonne part à rendre cette exposition plus intéressante que celles qui l'ont précédée.

M. Lenepveu m'a fait éprouver de la peine lorsque j'ai vu son tableau : *Hylas entraîné par les Nymphes*. Voilà où on en arrive, lorsqu'on fait de l'art sans que ce soit un besoin, une partie de votre cœur, de votre imagination, brûlant d'avoir une part active dans votre vie intellectuelle.

M. Amaury Duval aurait inventé les ballons s'ils n'existaient déjà; ses figures sont des espèces de tuyaux gonflés en un endroit, resserrés un peu plus loin. Tel est son art; ce n'est pas moi qui le lui envierai.

M. Julian me console heureusement de cette peinture fade et décolorée. Ces deux figures de femmes, la *Jeune fille* et la *Désolée*, sont bien dessinées, bien peintes, d'un ton agréable, d'une originalité incontestable. Ne vous laissez pas trop tenter par l'élégance du Primatice, monsieur Julian.

Désolation! M. Marquerie me fait souvenir de M. Amaury Duval.

Je me sauve, mais la jolie *Néréide* de M. Giacomotti m'arrête au passage; en baissant la tête j'aperçois le triton qui la supporte. Il est en vieux chêne, le malheureux. Enfin ce n'est pas sa faute après tout;

pas plus que la jolie *Vénus* de M. Delaunay n'est responsable des perles et des diamants dont ses chairs nacrées sont pétries. C'est joli, cette peinture, c'est trop joli. M. Delaunay ne devrait pas ignorer que dépasser le but, c'est s'en éloigner. Il s'est arrêté à temps, Dieu merci, pour n'en être pas trop loin.

La *Sapho* de M. Chifflart a un style élevé, mais elle est lourde d'aspect ; sa jambe gauche est engorgée au genou, ce qui nécessairement lui enlève de son élégance. Ensuite, le ciel est sur le même plan que la désolée vierge de Lesbos ; c'est peut-être une image poétique, mais j'aimerais mieux le ciel à sa place. Néanmoins cette *Sapho* reste une des meilleures toiles du Salon.

Puisque j'en suis à faire des souhaits, je désirerais le tableau de M. Meynier, l'*Amour et Psyché*, bien loin, bien loin.

L'*Andromède* de M. Bin est une bonne toile, mais le Persée se tortille tout à fait inutilement. Malgré tout, M. Bin est un artiste convaincu ; c'est si rare, qu'il faut lui en savoir gré. Son *Jésus-Christ* est loin d'être aussi bon.

M. Chasselat Saint-Ange a composé une décoration peu décorative. Son *Génie des Arts* est en caoutchouc.

La *Mort de Léandre*, de M. Sellier, a des qualités de poésie et de rendu; mais c'est encore fade, d'une exécution procédant par *glacis*, par *jus*, ce qui n'est pas le comble du talent. Il y a cependant de grandes qualités dans cette toile, un effet presque vrai : mais l'inscription : *médaille*, » que l'on peut lire sur le cadre, eût été mieux à sa place accolée au tableau de M. Mérino, placé directement au-dessus.

Il y a de jolies formes dans la *Léda* de M. Saint-Pierre. Le dessin est élégant, le ton trop gris.

M. A. Doré a exécuté aussi une *Léda* qui a quelques qualités de peinture. Ce sont de bonnes espérances que cela, mais pas assez réalisées; cette fille est impossible de formes, son cou s'attache mal, le dessin est d'une mollesse malheureuse, les emmanchements incompréhensibles; cependant M. Armand Doré a montré des qualités de modelé vrai dans les lumières. La tête de sa *Léda* n'est point du tout celle d'une demi-déesse, mais elle a le mérite d'être vraie, d'être une bonne étude d'après nature, ce qui vaut mieux qu'une copie de l'antique.

M. Schutzenberger est représenté au Salon par une *Europe enlevée par Jupiter*. L'Europe n'est pas mal, quoique molle dans les modelés et affadie dans les contours; quant au Jupiter dont on ne voit que le *mufle*, il est loin d'être satisfaisant. Autre chose encore. Comment Europe s'y prend-elle pour se tenir sur son vigoureux ravisseur comme dans son lit? Il m'est arrivé une fois de monter sur un bœuf, et quoique je ne sois pas Europe et que ce bœuf ne fût pas Jupiter, je puis assurer à M. Schutzenberger que je n'aurais jamais pu me maintenir dans une si belle pose académique. Soyez vrai, monsieur, ou ne soyez pas. On peut pardonner un mensonge que l'on vous force à faire, mais tromper sans qu'on vous en conjure, à quoi bon! L'art est libre; en fait qui veut; et puisque c'est un côté de l'intelligence qui s'impose de lui-même, les imposés ont le droit de vouloir de la sincérité.

Le même artiste a exposé un autre tableau inspiré par les beaux vers des *Georgiques* (livre III) :

Sur le soir, que ton troupeau s'abreuve...

Qu'es-tu, charmante fille? Baigneuse, Suzanne pudique, Bethzabée? Hélas! un peu tout ce que l'on voudra, pourvu que ce soit une jolie femme bien dessinée, savamment modelée.

Pourquoi, monsieur Henner, ce mépris du sujet? pourquoi ne pas appeler simplement baigneuse une baigneuse, et quelle raison a pu vous faire croire que le vieux monsieur qui est dans le fond suffirait à en faire une *chaste Suzanne*. Donc, si vous aviez mis pareillement dans le fond un palais quelconque et le roi David, vous auriez cru avoir fait une Bethzabée. Ces deux femmes n'ont guère la même nature ; cependant votre excellente peinture aurait tout aussi bien pu les représenter toutes deux, parce qu'elle n'a point de caractère distinctif.

Un singulier *portrait* d'enfant complète l'exposition de M. Henner, un vrai artiste dont les défauts ne sont pas irrémédiables.

Pas mauvais d'arrangement, la *Vénus* de M. Faure, mais quelle fadeur, quelle mollesse, quelle couleur sucrée, en dépit de lignes agréables qu'on ne peut nier.

Combien je lui préfère celle que M. F. Girard nous peint endormie : son joli corps s'enveloppe dans de belles lignes ; si ce n'étaient les jambes pauvres de dessin, surtout celle en raccourci dont le genou engorgé ne rend pas du tout l'effet de la nature, on passerait volontiers par-dessus le modelé un peu mou de la *Vénus* entière.

La tète de la *Fille de l'onde amère* dort bien, elle est de beaucoup supérieure comme beauté et comme mouvement à dom Cupidon qui la regarde. La jolie déesse s'est endormie dans la campagne au pied d'un arbre et ne paraît pas disposée à quitter le pays des songes roses et bleus où elle voyage pour le moment.

Je reprocherai à M. Girard une faute grave, celle de n'avoir fait sentir aucune différence entre les chairs plus rosées d'un enfant et celles plus blanches et plus mates d'une femme. Le paysage, quoique bien compris, a des tons ardoisés qui le rendent lourd.

Malgré tout, cette *Vénus* est encore une des plus jolies toiles de l'Exposition; sa couleur clair de lune, *amoroso*, comme disent les Italiens, est très-agréable dans sa transparente finesse.

La *Mort de la princesse Lamballe*, du même artiste, se distingue par de grandes qualités. Ce tableau est bien composé; mais il est d'un sentiment mièvre et d'une facture trop coquette.

Pourquoi a-t-on donné une médaille à la *Sirène et les Pêcheurs* de M. Erhmann? Pourquoi? grand Dieu!

Un de mes confrères me dit : Parce que M. Bouguereau en a deux, parce que M. Signol les a toutes; mais ce n'est pas une raison, cela.

M. Faverjon arrive avec une *Amphitrite*. Cette toile importante est bonne de groupes; la déesse des eaux est jolie de mouvement, quoique ronde de modelé. Les Néréides, et surtout celles qui touchent le cadre, sont d'un dessin douteux. Sur ce dessin douteux une couleur discutable, dans une composition très-ordinaire : ajoutez un ciel jaune d'œuf et vous aurez l'*Amphitrite* de M. Faverjon.

« *Lais*, dont tout un peuple adora la jeunesse, »

est une femme couchée, de grandeur naturelle, peinte par M. Laporte. Elle se regarde dans un miroir, tout étonnée de voir qu'il reproduit son visage tel qu'il est.

Me préservent les dieux d'y voir ce que je suis,

soupire-t-elle.

Je le comprends très-bien : que dirait-elle donc si elle voyait son corps entier disgracieux et sans charme? Elle serait furieuse que M. Laporte l'ait exhibée dans un pareil état quand personne ne pensait plus à elle.

En voilà assez avec les femmes déshabillées, je commence l'autre chapitre par M. Alma Tadema.

CHAPITRE X.

M. Alma Tadema, un élève de Leys, a trouvé une juste expression pour la tête de sa *Frédégonde interrogée par Prétextat*. Ses *Femmes gallo-romaines* ont de grandes qualités de peinture. Mais combien je préfère le tableau de M. Tissot, dont les charmantes jeunes filles sont si naïvement jolies sous leurs pommiers en fleur! Le *Duel,* exposé par lui, est aussi une œuvre méritante. Mais pourquoi cette convention?

J'adresserai la même question à M. Schlésinger au sujet de ses médaillons représentant les *Cinq sens,* sa délicieuse étude de *petites filles* est bien autrement spirituelle et artistique.

M. A. Zo est également tombé dans cet excès de joli; sa peinture est trop habile pour être excellente.

Citons aussi un tableau plein de finesse de M. Carraud, dont le *Louis XVI* me plaît peu; deux jolis *Plassan;* un charmant *Wetter;* le *Bouquiniste* de M. Hillemacher, plus heureux dans ce tableau que dans *Psyché;* une ravissante *Blidahsienne,* de mademoiselle Colle, toute jeune débutante; une bonne toile de M. de Jonghe; une *Blanche dormeuse,* de M. Cordier qui, lui aussi, est un apôtre de la vérité.

Ajoutons à ces noms connus ceux de M. Beker, de M. D. Baron, auteur d'un délicieux petit tableau frais et joyeux comme le printemps; une jolie peinture de M. Springer; le *Payement,* de M. Sain, et vous aurez la nomenclature exacte de charmantes toiles très-remarquées.

M. Guérin a cru qu'en drapant une étude d'atelier, on faisait un tableau; il s'est trompé, voilà tout; de même que M. Viry qui, à part quelques qualités, n'a rien que de fort insignifiant dans ses deux toiles.

Un réaliste, M. Fournier, a peint un *Vagabond* au bord d'une mare; c'est une bonne peinture fortement brossée et empreinte d'un vif sentiment de réalisme.

Un joli tableau à signaler, c'est celui de M. Stuckelberg, représentant *Bianca di Anticoli*. Ensuite deux toiles faussement dramatiques, à citer comme absurde interprétation du sentiment; leur auteur est M. A. Van Ysendick.

Reposons-nous un instant devant les deux charmants envois de M. Jules Breton, le peintre de la poésie champêtre, le George Sand de la peinture : c'est une œuvre délicieuse que ses *Moissonneuses au repos*, une des rares bonnes choses exposées cette année au Palais de l'Industrie. Peu de tableaux sont dans un effet aussi pittoresquement vrai; peu de paysages sont éclairés par un soleil couchant aussi chaud, aussi lumineux. Imaginez un champ nouvellement coupé, de rustiques filles d'Eve, de champêtres beautés assises au milieu; ajoutez à cela le calme ineffable plein de la douce rêverie qui suit un beau jour, et vous aurez le charmant tableau de M. Breton. Son autre toile, la *Lecture*, est pareillement bonne; le vieillard qui écoute sa fille a un air honnête qui commande le respect, et la charmante paysanne est naïvement belle. Que de grâce dans l'art de M. Breton! Quelle poésie intime, quelle poésie rêvée, car cet artiste ne décrit pas la poésie,

il la peint, non langoureuse et affadie comme font
tant d'autres, mais comme

> ......une forte femme aux puissantes mamelles,
> En vraie fille des champs.

Ce n'est pas un des points particuliers au talent de
M. Compte Calix ; celui-là n'est pas le peintre des
champs, le musicien du cœur ; il a saisi un tout petit
sentiment pris dans un côté étroit de la nature, une
scène quelconque d'une vie quelconque, aussi sa
peinture est-elle toujours la même.

Je passe du doux au grave, du fade à l'échevelé.
Mélingue, en fureur, embrasse une jeune première
non moins en délire ; il s'apprête à se précipiter par
une fenêtre, singulier moyen de sortir d'une maison ; comment donc M. Chifflart s'y prendrait-
il pour peindre Arpin et Marseille jeune luttant
corps à corps ?

A peu près la même critique pour M. Madaraz ;
c'est folie de croire que le public se passionne pour
de pareils enfantillages. Ces sujets dramatico-furi-
bonds, ces scènes larmoyantes sont trop rebattus, et
les enfants eux-mêmes commencent à rire maintenant ; lorsque leurs nourrices, peu au courant du

grand mouvement intellectuel, leur content les légendaires histoires de revenants.

La peinture de M. Eugène Feyen, le *Baiser enfantin*, me plaît beaucoup plus, le sujet en est bien simple, cependant : deux bonnes d'enfants, dont une négresse, promènent leurs élégants babies, frais et roses comme une matinée d'avril; les charmants gamins sont peints au moment où les bonnes les présentent l'un à l'autre, c'est-à-dire les font s'embrasser. Un de ces enfants n'a pas l'air très-enchanté d'aller aussi vite en besogne, cela fait bien rire la négresse de ce bon et gros rire si particulier aux bamboulas civilisées. Ce tableau est rempli de qualité marquantes.

Mes compliments à M. Jean Desbrosses pour sa jolie peinture si poétiquement naïve; le soleil est couché, quelques rayons dorent encore les cieux.

« Mais le char vaporeux de la reine des ondes
« Monte et blanchit déjà les bords de l'horizon. »

Deux jeunes amoureux se sont boudés toute la journée, qu'a donc pu éprouver cet amour champêtre? Quelle est la cause de la querelle? L'éternelle jalousie! Mariette aura dansé avec le grand Joseph, le fermier, ou avec le gros Népomucène, le cafetier du village. Le soleil du midi a vu naître leur innocente fâcherie, la jolie Diane va la voir disparaître sous ses blanches vapeurs. La couleur de ce tableau est franche, individuelle, le dessin juste, les poses naïves; en voilà plus qu'il n'en faut pour bien mériter du public.

M. Castiglione me tombe sous la main. Que dirais-je de sa pénible peinture? Pas grand'chose, sinon qu'elle semble avoir pour but : 1° de nous montrer que son auteur a une violente admiration pour le père Tétard; 2° que ledit père Tétard doit être le bâtard d'un grand seigneur, rien qu'à voir l'aisance pleine de noblesse avec laquelle il porte le pourpoint du gentilhomme.

Mais, direz-vous, qu'est-ce donc que ce père Tétard? M. Tétard est un modèle, un simple modèle.

De M. Castiglione à M. Cals, artistiquement parlant, il y a un abîme; si vous voulez vous en convaincre, voyez son tableau : la *Veillée;* c'est un intérieur villageois éclairé par une modeste lampe. Excellent tableau, rempli de qualités incontestables.

M. Krüg peut prendre les lignes qui précèdent pour lui; le *Marchand de silhouettes* est d'un effet vrai et bien compris.

Un sentiment naïf et agréable domine dans la petite toile de M. Lasch, *Derrière le moulin*. Sa yungfrau est charmante dans ses vêtements rustiques ; voilà de la bonne peinture dont on ne saurait trop le féliciter.

Si j'avais à choisir entre le tableau de cet artiste et celui de son voisin, l'*Embarras du choix*, peint par M. Loyer, je ne serais pas embarrassé un seul instant et le cadre de M. Lasch passerait dans mon cabinet.

Mais quel est donc ce jeune homme, la tête mélancoliquement soudée sur sa main ? C'est *Raphaël!* parbleu, Raphaël d'Urbino, Raphaël Sanzio, le divin Raphaël qui serait peu flatté de savoir qu'il a servi de prétexte au tableau de M. Hertzberg.

Diogène cherchant un homme, de M. C. Marcille, est une vigoureuse peinture, d'une bonne tonalité, d'un effet puissant, d'un dessin énergique, bien comprise, fort originale. M. Marcille expose également de fort beaux *Pavots*.

Le *Repasseur*, de M. Juste Lhernault, est une bonne toile, d'un aspect un peu noir peut-être, mais d'une facture vraie et large en rapport avec la dimension du cadre.

Puisque me voici revenu à la peinture grande comme nature, je vais vous conduire devant une

toile importante de M. Antonio Gisbert qui représente un *Débarquement de puritains dans l'Amérique
du Nord*. Cette composition est bien ordonnée, les
personnages pleins de naturel et bien posés, l'impression produite par ce tableau puissante, voilà le
dramatique, tel que je le conçois; on sent qu'il va se
passer quelque chose d'immédiat, de grand, et l'esprit flotte dans un monde de conjectures. On pourrait reprocher à ce tableau une couleur trop lourde,
grand défaut, à mon avis, mais que M. Gisbert rachète
par des qualités évidentes de dessinateur.

J'en profite également pour parler de l'allégorie
peinte par M. H. Debon. Si le livret ne nous donnait
le titre de cette toile, on pourrait faire bien des suppositions; mais l'artiste, de concert avec les littéra-
teurs chargés de la rédaction dudit livret, a pris
heureusement la peine de nous l'expliquer. *Les écueils
de la Vie*, tel en est l'intitulé. Un jeune homme est
assis au milieu d'enivrantes séductions de tous genres;
à gauche du tableau, un homme brun et assez mal
dessiné le regarde avec des yeux singuliers en pal-
pant de l'or dans sa main; le jeune homme, immo-
bile, incertain et gêné, ne fait pas plus attention à lui
qu'à une femme nue le regardant avec convoitise
qui semble lui promettre un abîme de voluptés. A

droite, à gauche, devant, derrière le jeune homme au costume fantaisiste, des femmes, des parfums, des fleurs, de l'or; qu'en résultera-t-il? je n'en sais rien, et ne le saurais jamais si M. Debon, dans un tableau faisant suite, ne prend soin de nous le dire.

Cette toile n'a que des qualités ordinaires; je signalerai cependant un dessin très-élégant dans certaines tentatrices, et notamment dans la sirène enchanteresse dont je vous ai parlé; la couleur générale est assez brillante, mais d'une transparence verreuse.

A côté de cette œuvre honorable est l'envoi de M. Smits. *Roma* est la légende par laquelle il désigne son œuvre. Pourquoi ce titre? Est-ce parce que dans un fond qui n'a rien de particulier se promènent des Italiens et des Français, des gendarmes et des soldats, ce qui amène naturellement des bonnes d'enfants. Voilà *Roma*. Mais ce dont je dois parler, c'est des qualités qui règnent dans ce tableau; de la franchise, de l'exécution, de la finesse du ton, de l'agencement des lignes qui composent bien cette grande *machine*.

Un intérieur moderne, grand comme nature, termine cette parenthèse, ouverte pour renfermer quelques grands tableaux. Je m'aperçois que j'en ai déjà

9.

parlé plus haut. Mais l'œuvre de M. Prevost a une attraction telle, que l'on aime à y revenir souvent.

Retournons à la peinture de genre si vous le voulez bien, et pour vous mettre en appétit, goûtez un peu à la peinture de M. Accard ; regardez cette gracieuse et coquette enfant examinant, curieuse et admirative, un *Collier de perles.* Ce tableau est fort joli, la jeune fille est peinte dans un sentiment gracieux, naïf et constitue avec son entourage une bien agréable peinture.

Je reviens encore à M. Baron, dont le tableau, *Après le Bain*, me semble de plus en plus séduisant : trois jeunes femmes se montrent des fleurs et des bijoux moins jolis qu'elles. Que de fraîcheur dans cette scène ! que d'esprit dans cette peinture ! et avec cela une exécution fraîche, agréable et des détails pleins d'esprit.

Quelle différence avec M. Devedeux, qui par ses pastiches nous fait bien regretter l'absence de M. Diaz, une brillante étoile du romantisme.

Une femme endormie, la *Paresseuse*, est exposée par M. Boucher Doumenq. Elle est bien peinte, le bras allongé qui se trouve plusieurs fois répété dans les œuvres de ce genre est bon de dessin et de modelé.

Rions un peu maintenant de l'Apothéose du Gendarme, exposé par M. E. Bataille. Il a intitulé ses tableaux : *Coup de feu du braconnier*, *Coup de feu du gendarme*. Il a fait une œuvre convaincue : je suis sûr qu'il adore les gendarmes, mais il ne les peint pas avec talent, malgré son ardente ferveur pour cet estimable corps.

Comme intermède, je place ici M. Bigand, destiné à égayer votre sérieux par sa fantastique peinture. Qu'il conserve longtemps ce dessin digne des premiers âges, mais qui semble maintenant d'un drolatique achevé.

Il y a aussi, dans un ordre un peu plus relevé, un *Oncle Tom* quelconque buvant une tasse de lait chaud avec un sensible plaisir ; il aurait pu consommer cet acte tout privé dans un coin où il eût été caché au regard de tous. Au moins M. Brune ne l'aurait pas peint.

M. H. Michaud nous transporte, non pas dans le pays du *Bois d'Ebène*, mais dans la tant fameuse *Mansarde de l'Artiste*. Comme vous le voyez, le sujet n'est pas très-neuf. Entrez avec moi et regardez le rayon de poésie qui l'égaie. J'en demande pardon à l'auteur, mais son rayon n'est pas celui du génie, et sa couleur est tout simplement de la chromo-lithographie. Il y a cependant une bonne et douce idée dans ce tableau ; je dois ajouter : que le dessin est correct, les femmes très-gracieuses.

Dans la même salle se trouve un gamin triomphant, échappé le matin de la maison paternelle ; il a fait coup double, car il revient chargé de deux beaux poissons et de pièces de gibier. Le dessin de ce Gavroche est maigre, ce qui n'empêche pas la peinture de M. Léon Gauthier d'avoir beaucoup de mérite : le ton est fort, le paysage rempli d'air, la facture très-habile.

La *Jeune fille aux Canards*, du même artiste, est une excellente toile meilleure que la précédente ; on ne peut guère lui reprocher que des étoffes soyeuses et trop brillantes.

M. Valério, dont tout le monde connaît les charmantes eaux fortes, a exposé *Une famille Monténégrine pleurant ses morts à l'entrée du monastère de Cettigne*. Il y a dans ce tableau de grandes qualités de rendu, de relief, de couleur. Voilà de la peinture sérieuse bien exécutée à tous les points de vue.

Citons encore M. Hédouin, dont l'*Allée des Tuileries* est une fort jolie composition que le soleil joyeux et brillant éclaire de toutes parts. Les heureux promeneurs semblent respirer à pleins poumons les émananations du premier jour de printemps. Les étoffes sont bien traitées, les blancs étonnants de vérité. M. Hédouin a exposé en outre les *Jardinières de Fontarabie*, pleines de qualités. M. Janet Lange, son voisin, nous montre une *Chasse à tir dans la faisanderie de Compiègne*. La chasse promet d'être aussi bonne que le tableau dont le relief est remarquable et dans lequel l'air circule librement.

Après M. Janet Lange, M. Heilbuth, qui a adopté une singulière spécialité. Cette année-ci encore, des *Cardinaux romains montant en voiture*, et *l'Absolution des péchés véniels* où un prêtre, armé d'une longue gaule, a l'air de pêcher à la ligne les pêcheurs qui sont à ses genoux. Monsieur Heilbuth, le public ne mord pas à des insignifiances aussi flagrantes.

Julie, *Manon Lescaut*, deux bonnes peintures de M. C. Hue. Des *Pénitents en procession*, de M. Grivolas, œuvre charmante; cet artiste nous dévoile un petit coin de la Provence; après avoir vu ce tableau on connaît les mœurs, les types, le pays des habitants du Midi, bonne toile d'un effet franc, d'une impression excellente. Mêmes compliments à M. A. Guérard pour : *Au coin de l'âtre*, charmant tableau, et *Sur la falaise*, qui ne manque que d'un peu d'air pour être une œuvre parfaite.

M. Amand Gauthier expose une *Femme en prison*, forte peinture, largement brossée dans des tons chauds ; mais pourquoi lui a-t-on donné cette absurde place que M. Frère aurait occupée avec bien plus juste raison, de même que sa médaille aurait été en de meilleures mains si M. Gauthier l'avait obtenue.

M. Pils doit être furieux de voir que son pauvre *Rouget de l'Isle*, si enthousiaste, si ardent, a servi de prétexte à M. Masse et à M. Ferranditz pour faire d'aussi mauvaise peinture. Consolons-nous avec les deux jolis tableaux de M. Jundt : le *Retour du Congrès régional* par un temps brumeux est charmant d'effet piquant et original. Par exemple, la *Toilette de la mariée*, toilette qui a lieu dans une gentille chambrette, est un peu brumeuse aussi. Pourquoi donc M. Jundt n'a-t-il pas laissé ce brouillard à la porte et fait exempt de nuages ce jour si impatiemment attendu par la jeune fiancée ?

M. A. Serres a exposé la *Procession de la couronne d'épines*, un effet de lumière très-vrai. J'aime mieux cela que sa *Clytie abandonnée*.

M. C. Arnoud a envoyé une spirituelle petite toile : le *Savonnage*.

Je m'arrête à M. Anker avec plaisir ; cet artiste est représenté par deux tableaux remarquables :

l'un représente le *Conseil de commune*, vive et bonne peinture, et les *Petites Baigneuses*, où ce peintre a réuni tout ce qu'il y a de grâce, de naturel et de charme dans sa palette. Ses jeunes nymphes sont ravissantes dans leurs juvéniles formes; c'est une délicieuse apparition que ces fraîches beautés dans ce joli paysage. Si M. Hamon avait pu comprendre qu'il pouvait faire de la peinture comme cela, s'il pouvait comprendre qu'il n'en fait pas! Il y a dans les *Petites Baigneuses* un gamin que j'aime peu, sa pose est trop étudiée; j'aime mieux le petit bonhomme tout vexé de se baigner et qui ne veut pas suivre la ravissante enfant qui le tient par la main.

M. Fichel expose deux tableaux : l'*Empereur Napoléon I*ᵉʳ *combinant des manœuvres à Compiègne* et le *général Bonaparte rendant à E. de Beauharnais l'épée de son père*, excellentes peintures pleines de mérite, mais un peu trop précieuses d'exécution. Madame la princesse Mathilde, guidée par son goût éclairé, a acquis la première de ces œuvres.

M. Cornet se souvient trop. Ses *Souvenirs* sont absolument ceux de M. C. Nanteuil.

La *Première visite*, de M. Toulmouche, est une peinture beaucoup trop léchée, mais les expressions des têtes sont vraies, et, malgré l'exécution, on trouve encore quelques qualités dans sa peinture. Pareilles remarques pour le *Fruit défendu*.

Les *Dentelières d'Asnières-sur-Oise*, de M. Soyer, semblent s'être réunies pour former un délicieux tableau; il y règne un charme de vérité bien grand dans cette *chambre-étable*. La jeune fillette de gauche est toute gracieuse dans sa rustique gentillesse. Son grand-père, assis à ses côtés, et qui réfléchit profondément, est très-vrai d'expression. Quel dommage que cette vieille femme, éclairée en plein par la fenêtre près de laquelle elle travaille, soit bleue, blanche et rouge; ces tons criards viennent tout gâter!

La *Convalescence*, *Vice et Misère*, de M. Paul Seignac, sont deux bonnes toiles agréablement peintes.

Que je parle aussi de M. Trayer (Jules), dont l'*Intérieur en Savoie* et les *Deux Jumeaux* ont d'immenses qualités artistiques que je regrette de ne pouvoir signaler autrement.

Mesdemoiselles Louise et Marie de Brienne ont droit à mes compliments : la première pour sa *Prière;* la seconde pour son *Goûter*, deux charmants tableaux peints avec un art exquis, une vérité étonnante. Bravo! voilà de la bonne peinture, finement exécutée, vigoureusement touchée et d'une couleur puissante ou délicate, selon la circonstance. Mesdemoiselles L.

et M. de Brienne, toutes deux élèves de M. A. Leleux, sont des artistes de bonne race et de grand avenir.

M. Sain, dont j'ai déjà parlé, expose encore une *Fileuse à Capri*, bonne toile d'un mérite égal aux Italiens de Rome; au *Paiement*, comme dit le livret.

Pauvre M. Rohen! pauvre M. Rohen. Place aux jeunes, monsieur Rohen! place aux jeunes!

Un jeune, c'est M. Guiaud, auteur d'un *Bois d'oliviers* et de la *Lonja de la Séda*, près Valence. Cette dernière peinture est surtout pleine de brio, de verve, d'un faire agréable, remplie d'air et de couleur.

Je citerai aussi la gentille *Michelina*, de M. Jules Didier, et la *Villégiature florentine*, de M. W. Haussoulier, un artiste des plus sérieux.

J'ai fini à peu près la longue nomenclature de la peinture de genre, et vais me donner du bon temps dans les champs, les bois, les fleurs et les mers avec les paysagistes et les peintres de marine.

CHAPITRE XI.

PAYSAGES.

MM. Saint-Marcel, Daubigny, Chintreuil, Hanoteau, Jonckind, Lépine, Saint-François, A. Didier, Vernier, Aguttes, Mathilde Ducket.

M. Saint-Marcel, par lequel je commence cette étude sur les paysagistes, est un des artistes les plus savants, les plus méritoires que cette glorieuse école ait enfantés.

Les *Ventes de la Reine*, motif que M. Saint-Marcel a tiré de la forêt de Fontainebleau, est un délicieux petit chef-d'œuvre où l'air et la couleur semblent s'être donné rendez-vous.

C'est une toute petite toile, mais où l'on retrouve toutes les qualités puissantes de l'auteur de la *Gorge au Loup*.

Il est regrettable que M. Saint-Marcel n'ait pas exposé une œuvre plus importante. On m'avait dit que cet artiste avait au Luxembourg un fort beau tableau; j'espérais y retrouver la *Gorge au Loup;* mais, après l'avoir vainement cherchée, j'en ai conclu que : ou elle était bien mal exposée ou pas exposée du tout, ce qui est incompréhensible de la part de l'administration. Quand on possède des œuvres d'un artiste comme M. Saint-Marcel, on les met à la meilleure place.

Le nom du père appelle naturellement celui du fils, un jeune artiste d'avenir dont je n'ai pas vu figurer le nom sur le livret. Je ne saurais trop blâmer ces abstentions; lorsqu'on a du talent, c'est un devoir de le montrer; M. Émile Saint-Marcel doit cependant bien le savoir. Que n'a-t-il envoyé, à défaut de tableaux, une ou deux études?

Voici un nom beaucoup plus connu du public que celui de M. Saint-Marcel père. Cela ne signifierait pas grand'chose, s'il n'était porté par M. Daubigny.

Cet artiste a adopté un genre d'esprit et une manière dont il ne s'est jamais départi et dont il ne se départira jamais. Il faut que ce soit un fameux homme pour être un grand artiste avec ce défaut-là.

Cette année-ci, il nous montre un *Effet de lune* de beaucoup supérieur au *Parc de Saint-Cloud*, exposé par lui pareillement.

De grands nuages, poussés par le vent, passent devant la lune, dérobant sa lumière à chaque instant. M. Daubigny a saisi le moment où, perçant les nuées, la blonde Phébé se montre dans tout son éclat. C'est une ravissante impression de la nature, peinte avec l'esprit dont je viens de parler.

Il règne dans cette œuvre une poésie délicieuse; on n'est plus devant un tableau, mais bien en pleine campagne; l'illusion est complète.

C'est peut-être la première fois que la nuit a été rendue avec cette vérité, cette puissance; tout est mystérieux dans cette peinture, tout, jusqu'aux deux personnages qui traversent rapidement la scène un falot à la main.

Ainsi que je l'ai dit, je préfère de beaucoup ce premier tableau au *Parc de Saint-Cloud*.

Néanmoins il y a beaucoup d'air dans les fonds; la promenade si chère aux Parisiens est rendue avec une exactitude indiscutable. La grande pièce d'eau qui tient le milieu de la toile réjouit le cœur: on se rappelle involontairement les massifs touffus qui l'avoisinent ; les pittoresques collines, les grands beaux arbres, les tendres gazons, les bonnes après-midi d'été, les mélancoliques soirées d'automne où l'on venait oublier la turbulente ville, heureux de l'avoir quittée, sans vouloir se souvenir que le lendemain verrait finir le charme.

Qui de nous n'a pas connu le bonheur dans ce beau parc ! qui de nous n'y a pas laissé un souvenir gracieux !

Que de Rodolphe, que de Mimi ont passé par là, la main dans la main, l'amour au cœur, le baiser aux lèvres, jeunes, ardents, fiers de leurs vingt ans, confiants dans l'avenir !

Puis après ils sont revenus, les amoureux... l'un sans l'autre ! les larmes aux yeux, l'âme déchirée ! Ils sont venus interroger les grands arbres, respirer l'air encore parfumé des chastes paroles de leur amour, chercher dans les allées ombreuses les larmes du regret, et sur le fin gazon une empreinte bien-aimée !

Où est-il ? Que fait-elle ? Comme je l'aimais !! Ah ! s'il avait voulu !

Sainte et pure jeunesse ! pourquoi faut-il qu'à chaque instant une illusion tombe, noyée dans une larme! Pourquoi est-elle si vite remplacée par une ride, par une amertume...

Mais, où m'entraîne Saint-Cloud? Je reprends vite le chemin de fer en vous demandant pardon ainsi qu'à M. Daubigny d'avoir dit plus haut que *Saint-Cloud* ne valait pas l'*Effet de lune.*

Cependant j'en voudrai toujours à cet artiste de m'avoir fait divaguer d'une façon aussi étrange.

Je vais tâcher de me réhabiliter à propos de M. Chintreuil, le fougueux paysagiste.

L'effet choisi par lui est fort bien trouvé. Le soleil vient de se coucher; la nature s'est revêtue de cette teinte de tristesse, de mélancolie si douce, si délicieuse, si poétique, qu'enfantent les mystérieuses vapeurs qui enveloppent la terre comme un voile de gaze lorsque s'éteint le dernier rayon du soleil.

M. Chintreuil est du *bois* dont on fait les grands peintres. Comme tous les talents transcendants, comme tous les novateurs, il a eu un mal terrible à conquérir ce rang, qu'il tient si dignement parmi la jeune école de paysage.

Qu'on se souvienne de l'appel qu'il fit au public, il y a deux ans, lors de cette fameuse *exposition des refusés* due à la généreuse initiative de l'Empereur, et que l'on a tuée sous le ridicule, genre de mort que l'on fait subir en France à bien des idées nobles et fécondes.

Terminons-en avec M. Chintreuil dont l'exposition est très-bonne, et qui donne un complet démenti aux gens de mauvaise foi qui essaieraient de discuter sa peinture si franche, si *arrivée*.

' J'éprouve un sincère plaisir à écrire ces chapitres consacrés aux paysagistes, car ils me rendent le devoir de critique fort agréable, me forçant à les louer sans réserve.

M. Hanoteau est le témoin vivant de ce que j'avance. Son paysage est excellent, il a bien rendu ce calme profond de la campagne. L'effet est bien compris, le site charmant, le ton lumineux. Cet artiste excelle à bien traduire les tons variés à l'infini du *vert;* la couleur qui les contient toutes, la couleur la plus belle, attendu que des millions de nuances la constituent, ce qui a probablement décidé le divin créateur des champs et des bois à lui donner la préférence sur ses sœurs, rouges ou bleues, noires ou violettes, jaunes ou blanches.

Le ton général de cette toile est puissant, fort; mais l'exécution en est un peu cotonneuse et uniforme, ce qui lui nuit beaucoup dans certaines parties qui demanderaient de la légèreté, dans les fonds principalement : pure affaire de brosse.

Encore un nouveau venu qui fait beaucoup de bruit depuis quelques années ; j'ai nommé M. Jonckind, un audacieux jeune homme qui s'est fait de sa franchise et de sa naïveté en peinture une véritable massue dont il écrase les habiles impuissants.

Son exécution est singulièrement agréable, ses tons vrais, son art tout d'improvisation fine, légère, délicate. Puissant dans sa couleur sans être brutal, fin sans être gris, cet artiste a prouvé qu'il avait un brillant avenir devant lui.

M. Lépine possède à peu près les mêmes qualités ; mais, lui, dans un tout petit tableau, trouve le moyen de montrer une exécution complétement différente. Le *Pont de Bercy* est une très-jolie petite toile dont il ne faut pas mesurer l'importance à la dimension. Ici point de critique, pas le plus petit ton à blâmer, ou à changer la moindre touche.

M. Lépine est *un habile* dans toute l'acception bonne de ce mot, sa facture est précieuse, coquette, ses harmonies pleines de charme.

L'aspect de son microscopique tableau est surprenant de vérité. Ce sont bien là les gris tout à fait à part des environs de Paris, et le ton le plus habituel de la Seine.

Si M. Lépine est jeune d'âge, aussi jeune que sa

peinture, il fera parler de lui, j'en suis convaincu. Il y a peu de tableaux au Salon aussi complétement bons que le sien.

M. Saint-François n'a exposé que des études, bonnes à la vérité ; mais n'est-ce pas un peu prétentieux, de montrer au public ces longs troncs d'arbres, dégarnis de verdure ; vrais mâts de cocagne auxquels il ne manque que la timbale et le couvert d'argent traditionnels ?

Lorsqu'on est arrivé au comble de la réputation, au faîte de la gloire, on peut se permettre cette familiarité envers le public avec lequel on a assez compté jusqu'alors pour le faire à son tour compter un peu avec soi ; mais il n'aime guère ces licences, quand elles n'ont pas pour excuse la consécration d'une longue suite de succès. Du reste, ce n'est pas l'œuvre que je blâme, elle est parfaite ou peu s'en faut, elle est surprenante de vérité : c'est le choix du *motif* qui est d'une insignifiance par trop nulle.

M. Alfred Didier, un débutant de l'année dernière, si j'ai bonne mémoire, a parfaitement compris que ce n'est pas avec un ragoût de couleurs, une étude scrupuleuse, mais peu intéressante, que l'on surprend le goût des connaisseurs. Il s'est mis vaillamment à la recherche du beau, tâchant de trouver le style, non pas cependant dans un paysage composé, mais dans la belle nature.

Le site choisi par cet artiste est grand par le caractère. Nous sommes dans *le vallon de Morsaline*, sur les côtes de la Manche, que l'on aperçoit dans le fond du tableau. Il est midi, si l'on en juge par l'éclat du ciel et par les ombres du fond légèrement bleuâtres. Sur le premier plan, de grands arbres, de vigoureux hêtres, largement peints; une eau limpide et transparente qu'ombragent de jeunes aulnes en baigne les pieds. Aucun vent ne fait plier les roseaux et les ajoncs, ni rider la surface de la petite rivière qui, couverte de larges nénuphars et de plantes aquatiques, se confond plus loin dans un massif touffu. Au loin, se déroule un panorama de toute beauté qui a la grande mer pour horizon.

Le tout est bien peint, nouveau d'exécution, sincère par son impression naïve.

Le soleil règne en maître dans le paysage de M. Alfred Didier; il doit faire chaud, à voir les vaches altérées qui accourent se rafraîchir dans l'onde du clair ruisseau.

Le jeune artiste a bien rendu cette atmosphère des bords de l'Océan, cet air si vif, si pénétrant, qui saisit le cerveau et les poumons. Quoiqu'il n'y ait pas le moindre petit temple grec, je suis sûr que Virgile eût aimé ce paysage.

M. Alfred Didier est en progrès; je trouve une distance énorme entre son envoi de cette année et celui de l'année dernière; le ton est plus chaud, la couleur plus lumineuse.

Courage ! monsieur, ce sont les artistes comme vous qui arrivent ; pour eux, le but n'est pas loin ; et ils savent se rendre le voyage agréable, ce qui fait qu'on aime à les suivre.

M. Vernier est du nombre de ces aimables voyageurs. Son paysage est un excellent tableau ; la couleur en est vraie, le ciel transparent : et puis, il y règne ce charme invincible, conséquence naturelle d'une œuvre peinte sous une bonne impression.

Cet *Intérieur de parc* que M. Vernier a rencontré à Champigny serait irréprochable, s'il n'était un peu lourd dans certaines parties. Mais quelle est l'œuvre sans défaut ?

Ce ne sont pas celles de M. Aguttes, auteur de deux toiles, renfermant des qualités différentes : je ne parlerai que de celle où quelques moutons errent çà et là, sous la conduite d'un berger, et que l'auteur a fait inscrire au livret sous le titre de : *Les Pâtres du hameau*. Le site est fort bien choisi ; M. Aguttes en a tiré un grand parti, car ce ne sont pas les qualités de rendu qui lui manquent.

Son exécution est facile, sa touche toujours appropriée à la nature de son sujet dans tous ses aspects; légère dans les fonds, aérienne dans les ciels, raboteuse dans les troncs d'arbre, forte, puissante, dans les premiers plans. Les ombres de son tableau, tout en étant transparentes, sont en général un peu bleuâtres, défaut qu'il aurait dû laisser à son autre tableau : *Une matinée à la canardière de Chantilly*, qui n'est pas seulement bleuâtre, mais bien bleue tout à fait.

Madame Mathilde Ducket termine ce premier chapitre sur le paysage.

Cette artiste, dont je ne cite la *Druidesse* que pour la lui reprocher, a exposé deux jolies petites baigneuses au bord d'une rivière.

Les charmantes femmes sortent de l'eau et se rhabillent toutes grelottantes. Je les comprends ; car la châleur n'abonde pas dans le paysage de madame Mathilde Ducket.

Heureusement pour elle qu'il y a dans cette toile des qualités de style, de dessin, de facture et de couleur qui, jointes à la sincérité native de cette œuvre, en rachètent presque complétement les défauts.

CHAPITRE XII.

ENCORE LA PEINTURE DE GENRE.

Le paysage à figures de madame Ducket me ramène encore à la peinture de genre. Je vais parler
du tableau de M. Duverger.

Un pauvre laboureur, sentant sa fin prochaine, a fait
venir auprès de son lit ses deux enfants, braves
paysans songeant peu à leur intérêt, tout malheureux qu'ils sont de la mort de leur père.

> « Gardez-vous, mes enfants, de vendre l'héritage
>> « Que nous ont laissé nos parents!
>> « Un trésor est caché dedans.
> « Je ne sais pas l'endroit, mais un peu de courage
> « Vous le fera trouver, vous en viendrez à bout. »

C'est là le fameux moment représenté par M. Duverger. J'avoue que, depuis longtemps, je n'avais vu autant de sentiment rendu avec un talent si vrai et une sincérité plus convaincue.

L'exécution de cet artiste est pleine de charme ; c'est un peintre d'une grande habileté et qui fera école, j'en suis sûr.

Ces deux toiles, le *Laboureur et ses enfants* et la *Paralytique*, sont excellentes à tous les points de vue, pleines d'air, d'une couleur forte et harmonieuse, d'une vérité étonnante dans l'effet. La tête du moribond est un chef-d'œuvre d'expression et vaut à elle seule bien des tableaux du Salon.

M. Duverger, qui, je crois, a déjà un tableau au Luxembourg, a reçu cette année une médaille ; c'est la troisième qu'il obtient en quatre ans.

Si le jury ne récompensait que des hommes de sa valeur, tout serait pour le mieux.

J'ai oublié de parler de *Contemplation*, de M. Accard ; je répare cet oubli, quoique cette toile soit bien inférieure au *Collier de perles*, du même artiste.

Une jeune mère regarde son enfant endormi sur ses genoux ; à moins que ses yeux ne soient prévenus en faveur du fruit de ses entrailles, elle doit s'apercevoir que son jeune fils a une cuisse difforme, ce qui n'embellit pas le tableau.

Je souhaite que M. Accard ait pour son œuvre les yeux d'un père, qui doivent toujours être ceux d'un juge équitable, mais sévère, ne transigeant jamais avec sa conscience.

A travers les galeries, sans y penser, j'ai été tout surpris de voir deux Meissonnier, car d'ordinaire il était assez difficile de les voir si l'on ne voulait pas faire queue.

Cet artiste, qu'à mon avis on a surfait beaucoup trop, expose le *Portrait de son fils*, et les *Suites d'une querelle de jeu*.

M. Meissonnier, tout en ayant un certain côté pictural, sinon artistique, et en cherchant un côté vrai dans sa peinture, n'est en définitive qu'un peintre de rapière et de boutons de guètres, ne comprenant dans l'art que le côté matériel, et non l'expression de la pensée.

Je sais bien que certains critiques ne reconnaissent pas le côté poétique et idéal de la peinture, qu'ils ne veulent y voir qu'une forme plastique, une reproduction banale des objets, ou, pour définir leur pensée plus nettement, ils n'en comprennent que la partie photographique. Ils doivent cependant bien savoir que, par ces simples idées, ils détruisent d'un seul coup tout l'art de notre époque, art qui a vu

naître Delacroix et Ingres, Ary Scheffer et Decamps;
et avant eux Gros et Géricault, sans oublier Prudhon.

On ne peut contester que les artistes modernes
apportent dans l'art une recherche du sentiment, de
la poésie et de la pensée dont on ne se préoccupait
nullement avant eux.

C'est par la pensée, par l'idée qu'Eugène Delacroix nous impressionne. Peut-on citer, dans l'art de
la Renaissance, un tableau où l'horreur soit aussi
effrayante que dans son admirable *Barque du Dante?*
Est-il possible de rendre la mort plus livide, l'effroi
plus terrifié, la tristesse plus noble, plus sublime!

Y a-t-il dans la Renaissance une œuvre aussi empreinte de désolation que les *Massacres de Chio?*

Y a-t-il, dans l'art du xvie siècle, une peinture aussi
ardente, aussi enthousiaste que la *Liberté?* une toile
aussi mélancolique que l'*Ophélia?* aussi amère que
le *Tasse dans la prison des fous?*

J'ose répondre que non! et suis en état de le
soutenir.

De cette recherche d'une idée, les artistes italiens
s'en souciaient peu : décorateurs avant tout, ils éten-
daient l'art de la décoration autant que possible,
sans s'imaginer qu'il y eût autre chose que le sang et
les nerfs dans la vie ; sans se douter qu'un homme

ne remue pas seulement, mais qu'encore il pense, il pleure, il rit, suivant ses impressions.

Voilà ce que Delacroix a compris, voilà ce qui le met au-dessus des maîtres d'Italie, car, toujours le cœur passera avant le visage, la pensée avant la matière!

Il faut avoir le courage de ses opinions. Delacroix m'impressionne, il me fait mal, il me pénètre, me rend joyeux ou triste, morne ou enthousiaste, suivant la forme que revêt son génie.

Je me souviens que, lorsque je vis pour la première fois l'*Ophélia*, j'en fus tellement frappé, que son souvenir me poursuivit comme une vision pénible, mais attachante, pendant plusieurs jours. Je demeurais triste, sans pouvoir chasser la mélancolie que m'avait inspirée la malheureuse maîtresse d'Hamlet.

L'*Entrée des croisés dans Constantinople*, n'est-ce pas le triomphe de la force dans toute son effrayante vérité? Et *ces femmes turques*, si belles et si ennuyées, ne sont-elles pas la vivante peinture de l'état de la femme en Orient?

Delacroix était poète comme Victor Hugo et Lamartine, philosophe, dramatique comme Shakespeare, penseur comme Gœthe, fantastique comme le Dante. Seulement sa plume était un pinceau!

Je m'aperçois que M. Meissonnier m'a entraîné à une longue digression; je reviens sur son compte.

Je déclare en toute sincérité, et je crois avoir raison, que son art manque de charme. Je comprends bien qu'un beau jour, un peintre de genre ait la fantaisie de voir jusqu'où son pinceau précieux peut arriver comme fini, comme délicatesse; mais, continuer cette fantaisie pendant vingt-cinq ans, faire de cette fantaisie un but, je trouve cela fatigant.

Je comprends aussi peu l'art de M. Meissonnier que celui de MM. Gérôme et Desgoffes. La nature n'est pas aussi finie que cela. Lorsque **je regarde** le paysage dans la campagne, j'y vois un effet général et non des détails isolés. Pourquoi donc rendre tous ces détails et ne pas rendre l'effet dans son ensemble, puisque c'est un ensemble qui frappe d'abord les yeux?

Les artistes hollandais, ou brabançons, que l'on appelle les *petits flamands*, finissaient leur peinture autant que M. Meissonnier, mais tout était sacrifié à l'effet; leurs tableaux ont un charme, un parfum de simplicité, un air paisible, honnête, qui va au cœur. On voudrait vivre de la même vie que ces honnêtes bourgeois d'Amsterdam ou d'Anvers, jouer et chanter avec ces blondes filles des Flandres, pénétrer dans ces intérieurs si propres où tout est si bien rangé.

Je sais parfaitement pourquoi j'aime Métzu, Gérard-Dow, Gaspar de Netscher, Pieter de Hooch, G. Terburg, Mieris ; c'est parce qu'ils avaient une idée en exécutant leurs petits chefs-d'œuvre : celle de peindre l'honnèteté de leurs mœurs, la bonhomie de leurs allures, le tableau de leur vie sédentaire.

Je sais fort bien pourquoi je n'aime pas l'art de M. Meissonnier, c'est parce qu'il ne me montre qu'un soldat, qu'un costume, une impression non ressentie par l'artiste, et que je ne puis conséquemment pas ressentir.

Dans un genre tel que celui-là, il ne faut peindre que la vie usuelle, que ce qui tous les jours s'offre à nos regards.

Comment pourrais-je m'intéresser à un lansquenet qui monte la garde, à un *costume Louis XIII étendu mort* auprès d'une chaise tout aussi attachante que lui ?

Il est impossible de se passionner pour une pareille peinture. Et qu'est-ce donc qu'un art qui n'entraîne pas, qui ne fait ni peine ni plaisir ?

M. Meissonnier verra bien, dans quelques années d'ici, que son succès a été tout de vogue et de surprise, et que son art n'est pas aussi éloigné qu'on pourrait le croire de celui de M. Gérôme, qui n'est autre que l'antipode de l'art. On ne fait plus queue devant la peinture de M. Meissonnier, car cette peinture est comme certaines pièces qui ne restent pas au répertoire, et qui, après avoir eu cent représentations, se jouent devant les banquettes vides à la cent-unième.

M. Meissonnier en est à sa deux-centième représentation.

Son fils se prépare à établir une succursale de la maison de son père. Je lui souhaite une bonne chambre claire, une excellente chambre noire, de bons produits chimiques et surtout du parfait collodion.

Je crains bien pour ce jeune homme qu'il ne soit forcé de s'apercevoir qu'il est venu trop tard. Le public s'est gorgé de Meissonnier depuis qu'il y en a au Luxembourg; cette exposition permanente a été pour le peintre un coup de massue.

De la peinture microscopique du membre de l'Institut, je passe à celle de M. Oswald Achenbach, si large, si spirituelle.

Une fête à Genazzano est une délicieuse toile que l'on serait fort embarrassé de critiquer. L'air abonde dans ce joli tableau; on y vit, on y respire; le soleil inonde joyeusement les murs des maisons, les pavés de la rue.

La couleur de M. O. Achenbach est fine, harmonieuse ; ses étoffes sont bien peintes, ses têtes charmantes et pleines d'esprit.

Et puis, au moins, c'est franchement peint. Cet artiste expose également *Cascade à Tivoli*, où se retrouvent les qualités ordinaires à ce peintre.

M. Auffray est à citer. Ses deux jolies toiles sont bonnes d'aspect. Le petit tableau intitulé : *Je vais le dire à Maman*, représente une petite fille menaçant son frère qui fume *crânement* un superbe *brûle-gueule*. Il se soucie fort peu des remontrances de sa sœur et n'en continue pas moins à aspirer les âcres bouffées de la feuille puante, comme on disait sous la Restauration.

Je crains fort que, lorsque la maman arrivera, elle ne trouve son fils fort indisposé.

La *Toilette* est aussi un assez bon tableau, mais plus lourd d'aspect.

Ce défaut, M. Jernberg ne l'a pas ; il a su donner de la légèreté même à la *Danse de l'Ours*. Cette composition, pleine de naïveté, est séduisante ; les types des assistants, qui bouche béante regardent le montagnard, sont bien observés ; l'on est tenté de se méler aux groupes qui entourent l'excellent ours, tellement les visages sont pleins de vie et respirent le contentement.

L'artiste a donné à l'ours la physionomie tant bonasse qui caractérise cet animal, le plus philosophe de tous; celui qui est toujours le mieux en situation. Voyez plutôt : ici, comme il est le moins fort, il danse pour faire rire les badauds qui le regardent; mais qu'il prenne la clef des champs, il tâchera de déjeuner avec un de ses anciens admirateurs !

C'est le quadrupède le plus conséquent que je connaisse.

Je reprocherai à M. Jernberg de s'être trop souvenu, dans son tableau, de certaines valeurs et de quelques oppositions convenues. Ainsi, dans les fonds, il oppose des tons roux sur des bleus ardoisés; cela produit un effet quelconque assurément, mais, la vérité y perd bien un peu; il suffit de regarder une rue pour s'en convaincre. Sauf cette restriction, son tableau est très-agréable.

M. Adolphe Leleux a exposé *Un jour de fête en Basse-Bretagne*, le *Meunier, son fils et l'Ane*, deux toiles cotonneuses, lourdes, absolument semblables à celles que cet artiste a déjà exhibées depuis quelques années. Son dessin bretonnant est commun, sa couleur terne, sa composition sans originalité. Jamais les défauts de M. Ad. Leleux ne s'étaient aussi clairement étalés au jour. C'est cependant un peintre de beaucoup de talent, mais trop uniforme, qui ne paraît guère se souvenir qu'autrefois il a peint le *Mot d'ordre*, excellent tableau qui valait mille fois mieux que toutes ces *bretonneries*.

Je citerai, pour mémoire seulement, M. Armand Leleux dont la *Leçon de dessin* et la *Confession au couvent* n'ont rien de remarquable.

Si M. J. Kienlin n'est pas étonnant non plus, il est au moins fort agréable, et je suis sûr que plus tard j'aurai à compter avec lui : *Marie Stuart et Rizzio* me le font augurer.

M. Kienlin semble avoir pénétré dans le boudoir de la pauvre reine ; il nous introduit dans un joli réduit tout coquet, tout féminin, où l'élégant Rizzio chante des paroles d'amour.

La jolie Marie l'écoute pensive, rêveuse ; qui sait si ses beaux yeux tristes n'ont pas entrevu la fin tragique de son fatal amour? Qui sait si dans quelques instants une porte ne s'ouvrira pas soudainement sous la main vengeresse de l'assassin du malheureux Rizzio ?

Il y a beaucoup de mélancolie dans ce tableau,

beaucoup d'art, et surtout une grande habileté de facture. La couleur en est harmonieuse, moins quelques tons crus dans le costume des personnages.

Encore un tableau à costume signé M. E. de Laëre. C'est l'admirable légende de Faust qui a inspiré le jeune artiste. Méphistophélès, mendiant, s'est assis devant la porte de l'église. Marguerite, la chaste jeune fille, descend les marches du vieux temple gothique, les yeux baissés, le maintien modeste. *Par le ciel! la belle enfant!* s'écrie Méphistophélès. Et ses yeux perçants sont éblouis par l'éclat de cette beauté si pure, si enivrante. M. de Laëre a choisi le moment où le diabolique protecteur du docteur Faust laisse échapper cette exclamation.

La composition de ce tableau est bonne; elle respire un vrai parfum du temps où se passe cette scène.

M. de Laëre est en sensible progrès sur l'an dernier; je préfère sa *Marguerite* aux *Deux amours de la vie*, exposées en 1864. Il suit le chemin qu'il s'est tracé d'avance, pour atteindre son but : il y arrivera, car c'est un artiste convaincu.

Que ne puis-je en dire autant à M. Lambron! Que signifient, hélas, les nombreux coups de pistolet qu'il tire sur le public? Que veut dire la peinture rétrograde qu'il envoie cette année? Qu'est-ce que ces lignes bizarres, ces arrangements singuliers qu'affectionne ce peintre avec une persistance aussi soutenue?

Si encore tous les divers changements opérés dans sa manière depuis qu'il expose provenaient d'un désir quelconque de faire mieux, d'une recherche du beau! Mais, non. Les *Croque-morts* valaient mieux que *Déception*, qui elle-même était supérieure à la *Vierge et l'Enfant Jésus*, exposés cette année.

M. Lambron veut, à toute force, occuper l'attention de la foule ; il veut des rassemblements autour de ses tableaux ; et, pour arriver à ce résultat, il n'est rien dans l'art qu'il ne sacrifierait.

Est-ce ainsi, cependant, que procédaient les artistes auxquels la postérité a concédé le nom de *maîtres*? Est-il possible de supposer que la bizarrerie seule peut constituer un peintre? Est-il permis de croire que la foule elle-même ne se lasse pas de ces réclames trop visibles? Et enfin, pouvons-nous admettre comme artistique une individualité qui varie à tout instant, une personnalité qui n'est personnelle que parce qu'elle n'a aucune originalité?

Ce n'est pas en voulant prouver autre chose, chaque année, que l'on conquiert les épaulettes d'artiste.

La preuve éclatante en est écrite tout entière dans les œuvres des artistes que la postérité a consacrés. Si quelquefois il arrivait aux *maîtres* de faire du singulier, c'était dans la nature elle-même qu'ils le trouvaient ; mais ils ne le cherchaient nullement dans la façon de l'interpréter.

Il y a au Salon de 1865 trois artistes qui, pour un motif ou pour un autre, étonnent le public. Ce sont MM. Manet, Moreau et Lambron.

Un seul mot sépare ces trois peintres, ce mot est *conviction*.

M. Manet est convaincu, M. Moreau pareillement, M. Lambron ne l'est pas.

Le premier de ces artistes est conséquent avec lui-même. Depuis qu'il s'occupe d'art, il n'a eu qu'un seul but, trouver l'harmonie douce dans la vigueur, la finesse dans la couleur.

M. Manet a cherché le *tableau* sans se préoccuper assez de la forme et des détails. En définitive, il est arrivé à un de ces résultats. Supposez *Olympia* bien dessinée, même dans cette compréhension de la forme, supposez-la plus savante de modelé, et vous aurez un charmant tableau, parce qu'il renferme en lui le grand germe : la vie ; parce qu'il a été conçu et peint par un homme convaincu.

Que manque-t-il donc à M. Manet? La science, c'est vrai. Mais on apprend à peindre et non pas à sentir. La preuve que seule la science manque à M. Manet, c'est que, quand il peint une nature morte, il exécute une fort belle peinture, attendu qu'il est moins difficile de faire une casserole ou un homard qu'une femme nue.

Si M. Manet n'était pas un véritable artiste, d'un bon tempérament, son *Olympia vivrait-elle?* Pourquoi certaines gens sont-ils effrayés par l'aspect de la jeune femme? pourquoi en fait-elle rire d'autres? Parce qu'elle vit, que cette vie est sensible pour tout le monde; parce qu'on sent qu'elle pourrait remuer, cette femme que l'on trouve laide et mal faite, non sans quelque raison. Mais enfin, par le fait, ce tableau est cent fois meilleur que la jaune et pandouillarde *Odalisque* qui se gonfle en face de lui.

On sent que M. Manet tâtonne, cherche, peut et veut faire des progrès. Au point où il en est, on apprend à peindre une académie en douze mois, et M. Manet a l'organisation d'un peintre, tandis que l'on sent bien que l'auteur de l'*Odalisque* en question est arrivé à l'apogée de son talent, au dernier degré de la perfection qu'il peut atteindre.

Je crois avoir suffisamment démontré plus haut

12.

que M. Moreau était aussi un artiste convaincu ; plus on y songe, plus on en est persuadé, plus la preuve en paraît évidente. M. Manet recherche la vie ; M. Moreau, la pensée, la beauté, la noblesse.

L'un n'est pas assez savant, il peut le devenir. L'autre l'est trop ; il ne le sera que suffisamment lorsqu'il le voudra. Mais enfin tous deux sont des artistes.

M. Lambron, lui, n'est qu'un peintre : il a évidemment montré du talent, mais jamais jusqu'à ce jour il n'a été animé de ce souffle divin que l'on appelle l'art.

Si 'insiste autant sur cette fausse interprétation de la peinture, c'est pour mettre en garde contre elle les jeunes artistes qui pourraient être tentés de l'imiter.

Je ne veux pas quitter la peinture de genre sans citer *Bartholomé van der Helst*, bonne toile de M. Henri Pille, une des plus brillantes espérances de la jeune école.

CHAPITRE XIII.

MM. Isabey, Campostoto, Lumirais, Mérino, E. Lobrichou,
Antigna, mademoiselle Berthe Morizot, E. Bal, H. Merle,
A. Marchaux, Jules Leroy, J. Lefebvre, Patrois.

Prenant exemple sur le jury, sur la commission
chargée du placement des tableaux, j'ai écrit ces chapitres sans trop prendre garde au genre des tableaux
et au nom des artistes. C'est ce qui fait que M. Isabey coudoie M. Campostoto, que M. Luminais se promène avec M. Mérino, etc., etc..., artistes bien différents cependant dans leur façon d'envisager la
peinture, d'exprimer leurs idées.

M. Isabey, par lequel je commence, est un peintre
bien curieux à observer, bien intéressant à étudier,
en ce sens que dans la moindre de ses œuvres on

est toujours sûr de trouver de pittoresques qualités, si ce n'est l'une, c'est l'autre.

M. Isabey a dû naître une palette à la main; son exécution est facile, son faire agréable, son habileté prodigieuse. Qu'il peigne une marine ou un sujet de genre, ce n'est jamais la même peinture, mais c'est toujours le même peintre, riche dans ses tons, brillant dans sa couleur, puissant et fin dans ses harmonies.

Il est la personnification dans son genre coquet du mot *jeune*, que j'ai mis en tête de ce volume. Anciennes ou actuelles, ses œuvres ont toujours la même verdeur, le même feu, le même brio avec plus ou moins d'habileté.

M. Isabey est représenté au Salon par deux toiles représentant les deux types bien différents de son talent impétueux : le *Naufrage de l'Emily*, trois-mâts qui périt en 1823, et un *Alchimiste*.

Ce dernier tableau suffirait à attirer sur M. Isabey l'attention du public, si la réputation du peintre n'était déjà faite depuis longtemps.

Cette charmante toile, dont le comte d'Aquila est l'heureux propriétaire, nous montre un vieux savant dans son laboratoire; debout, au milieu d'un arsenal d'instruments, entouré de cornues, d'alambics et de creusets, il est absorbé par une expérience de chimie qu'il refait peut-être pour la centième fois, sans doute, pour arriver au but de tous ses efforts, de tous ses travaux : au grand œuvre, à faire de l'or !

Tous ces détails sont rendus avec une vérité saisissante ; c'est une véritable fête pour les yeux. Rarement M. Isabey avait poussé aussi loin la liberté de sa facture, l'ampleur de sa touche, le gras de sa *pâte*, le ton décoratif de sa couleur. Il n'en fallait pas davantage pour faire un chef-d'œuvre.

Son alchimiste est à la fois un savant et un fou. Il m'a remis en mémoire ces entraînantes pages de Balzac où, dans la *Recherche de l'absolu*, il introduit le lecteur dans le laboratoire du pauvre Van Claës. Le lieu où M. Isabey a placé son alchimiste est un fouillis impénétrable, véritable Capharnaüm de richesse, de science et d'art. C'est bien dans un pareil endroit que l'on aime à se figurer Van Claës cherchant la concentration d'un rayon de soleil ; il ne manque dans un coin que le vieux Lémulniquier pour que l'illusion soit complète.

M. Isabey a le génie du petit tableau ; c'est de lui que l'on pourrait dire : « Il fait de la grande peinture dans de petits cadres. » Et on le dirait avec bien plus de raison que de M. Meissonnier.

Sa peinture pourrait être grandie indéfiniment, elle serait assez largement peinte ; diminuée de moitié, assez finement touchée.

M. Isabey est la peinture faite homme ; c'est une palette en chair et en os, un pinceau vivant. N'est-ce pas le plus bel éloge que l'on puisse faire de lui ?

M. Campostoto arrive plus difficilement à rendre ce qu'il voit ; ses deux tableaux : *Une douleur partagée* et le *Nid de fauvettes*, sont fort jolis, mais pénibles de *faire*.

On sent que M. Campostoto se fatigue sur sa peinture, qu'il veut la trop bien faire ; aussi l'esprit qu'il pourrait y mettre disparait-il sous les *demi-pâtes*, les *glacis* et tout l'attirail des ficelles du métier.

Je ne veux pas dire par là que la facture de cet artiste détruise l'effet produit par son talent. Cette idée est bien loin de moi, mais je crois juste de dire que, si M. Campostoto procédait plus franchement, ses tableaux y gagneraient beaucoup.

Me voici en présence d'un artiste sérieux et convaincu, franc dans la couleur, sincère dans ses effets ; je veux parler de M. Luminais, dont la *Veuve* et cette jolie toile qu'il a appelée *Par-dessus la haie* sont pleines de mérite.

Une pauvre femme vient de perdre son mari :

noyée dans les larmes, l'âme bouleversée, abattue par son malheur, insensible à tout, elle gravit péniblement l'âpre chemin qui conduit à sa demeure, soutenue par de fidèles amies qui ne l'ont pas abandonnée dans sa douleur. C'est là une fort bonne composition, pleine de sentiment et très-bien exécutée. Le visage de la veuve semble terrifié par cette catastrophe, ses regards glauques et fixes paraissent tout envisager et ne rien voir.

L'autre tableau est tout le contraire de celui-là. Autant le premier est triste, autant le second est gai dans sa douce mélancolie. Un jeune gardeur de moutons raconte naïvement à une jolie fillette, pauvre et simple comme lui, les candides impressions de son cœur; il lui demande ce que signifient les troubles étranges dans lesquels sa présence le plonge, les inconcevables langueurs qu'il éprouve quand elle n'est plus là.

La bergère baisse timidement les paupières, mais ne peut dissimuler la joie que lui causent ces paroles qui, pour elle, sont l'aveu d'un amour qu'elle partage.

C'est *par-dessus la haie* qu'a lieu cette petite pastorale. Une simple haie sépare les amoureux : c'est une bien faible barrière ! et n'était la tradition qui veut que l'on soit timide et candide au village, je parierais fort que dans un instant le petit *Rubicon* sera passé.

Cette gracieuse églogue est traitée par M. Luminais avec beaucoup d'esprit. Le sentiment qui l'anime est naïf; tout y respire l'amour, le printemps, la jeunesse.

M. Mérino serait en droit de se fàcher si je passais sous silence le *Collier de perles*.

Cette charmante toile, plus petite que les *Critiques*, représente, je crois, un jeune seigneur venant acheter chez une manière de juif, orfévre et usurier probablement, un collier de perles, galante surprise qu'il prépare à la femme aimée.

Assis à droite, dans une espèce de comptoir, le vieux juif attend avec une anxiété visible la fin du marché. Sa fille, une grande et belle femme au type vulgaire, à la figure follement irrégulière, aux carnations riches et plantureuses, est habillée avec une recherche élégante, un luxe de bon goùt; ses beaux cheveux blonds ruisselants d'or encadrent effrontément une tète moqueuse qui, sùre de son fait, semble dire à l'acheteur : *Seigneur cavalier, si vous ne voulez pas de ce collier, s'il vous paraît trop cher, laissez-le, il ne nous gène pas ici.* Ce qui met fin à toutes les hésitations du jeune homme piqué dans son amour-propre.

Je n'ai à reprocher qu'une seule chose à ce tableau, c'est le vêtement rouge du jeune homme : la nature a bien des violences semblables, mais l'air qui les sépare du spectateur apporte de toute nécessité un adoucissement agréable pour les yeux, qui se trouvent blessés par le ton un peu cru que M. Mérino a trouvé sur sa palette.

Misère, Pénitence, de M. Lobrichon, montrent dans leur auteur un dessinateur fin, correct, un coloriste agréable : le deuxième de ces tableaux nous fait voir une petite fille grondée et qui a été mise en pénitence à la porte avec un verre d'eau et du pain sec.

Sans entrailles pour les peccadilles de la jeune bambine, M. Lobrichon l'expose à tous les yeux, et elle, honteuse, non de sa faute, mais de son humiliante position, prend ce petit air vexé, si charmant dans ces figures d'enfant, dont les chairs rosées semblent avoir été créées pour le baiser et le sourire.

M. Lobrichon est de la même école que M. Antigna, à peu de chose près.

Ce dernier artiste expose deux toiles empreintes d'un sentiment pénible assez vrai. Le *Dernier baiser d'une mère* est une grande toile où une famille éplorée entoure le lit de mort d'un enfant, du Benjamin de la maison. La mère, folle de douleur, étreint le corps de son fils, pendant qu'un ange s'envole au ciel. Ce tableau, moitié tiré de la vie réelle, moitié allégorique, a de grandes qualités : il est bien peint. agréablement coloré, mais il n'est triste que par le sujet et non par la manière dont il est traité.

Le *Dimanche des Rameaux* est le jour où tous les pauvres diables, tous les malheureux enfants vont se placer à la porte et aux abords des églises, le buis bénit à la main, l'offrant aux fidèles qui vont entendre les saints offices. M. Antigna peint une de ces minables petites filles, misérablement vêtue, tenant entre ses doigts amaigris une branche du feuillage consacré. Comme le *Dernier baiser*, c'est très-joli, mais pas assez souffreteux.

M. Antigna s'est laissé aller à une coquetterie de brosse qui n'était pas de mise dans ces deux peintures.

Passons brusquement de ce sentimentalisme un peu vulgaire à de la peinture plus forte, plus énergique, quoique dans des proportions très-restreintes. Sous le nom modeste d'études, mademoiselle Berthe Morisot expose une *Jeune femme* vêtue d'une robe blanche et rêvant sur les bords verts et fleuris d'un ruisseau. Cette toile est très-lumineuse, les étoffes blanches qui enveloppent le corps de la jeune femme sont très-fines et chaudement colorées, le paysage est vrai de ton comme la jeune pensive, il est peint avec beaucoup d'énergie. Bientôt, ce seront les mains patriciennes des plus élégantes femmes qui tiendront la brosse, et qui montreront aux hommes la façon dont on fait de la bonne peinture. Une autre jeune fille du même nom, mademoiselle Edma Morisot, a exposé un paysage et des fleurs dont je parle plus loin. Courage! mesdemoiselles, vous suivez une route qui mène loin, et vous me paraissez décidées à y marcher avec confiance et foi. Je vous en félicite sincèrement.

M. E. Bal est un réaliste, un vigoureux réaliste, sa *Cuisinière* est là pour l'attester ; je reproche seulement à cet artiste une couleur trop sombre, trop bitumineuse avec trop *de jus*, pour me servir de la véritable expression, et qui donne à sa peinture un aspect vieux tableau, qui n'est nullement agréable. A part cela, la *Cuisinière* est une œuvre largement peinte, bien observée et colorée très-chaudement.

Je retourne à de la peinture plus adoucie avec M. Hugues Merle, un excellent artiste cependant, et qui a fait ses preuves comme homme de talent, mais que le joli tue sous son énervante attraction. Pourquoi vouloir d'aussi faciles succès? Faire agréable, gracieux, réussit toujours, l'œil en coulisse, la lèvre souriante, fait passer les défauts, du reste personne ne l'ignore. Je voudrais donc qu'un homme de la valeur de M. H. Merle se mît bravement à la recherche d'une idée quelconque, et qu'il la rendît dans sa peinture, laissant aux impuissants ces sujets et ces miévreries comme un héritage tout au plus digne de Julien, l'homme aux trois crayons.

La *Jeune Mère*, de M. H. Merle, n'est pas mal évidemment, mais on sent, à chaque coup de brosse, le désir de plaire à tout le monde, et particulièrement à un certain public bourgeois fort peu connaisseur en matière d'art. Qui ne sait pas que ces amateurs-là se laisseront toujours prendre à une bouche montrant ses dents, à un contour fondu, à une ombre habilement passée dans les fonds, à des yeux longs et langoureux? On a fait de ces succès à MM. Dubufe et Winterhalter, hommes de talent assurément, mais qui étaient loin d'être de brillants artistes. Qu'est-ce que cela prouve, sinon que les succès que fait la masse ne sont pas les plus légitimes et les plus durables!

Je n'ai vu que de loin la *Goualeuse*, de M. Aimé Marchaux. Cet artiste a tiré le sujet de son tableau des *Mystères de Paris*, d'Eugène Sue. Il nous montre la *Goualeuse* en train de chanter en s'accompagnant d'une guitare. Pauvre et malheureuse, elle sent son cœur se soulever de dégoût au milieu de ces hommes avinés assis autour des tables abondamment fournies en petit bleu et en cet affreux breuvage que par dérision les cabaretiers nomment eau-de-vie.

M. Marchaux, autant que j'ai pu en juger, a tiré de cette scène tout le parti désirable ; malheureusement on est dans la plus complète impossibilité d'apprécier une toile huchée à une hauteur inaccessible à l'œil nu : mieux vaudrait, à mon avis, ne pas exposer les tableaux que les placer si haut. Il faut avoir bien envie de tout voir pour trouver le tableau de M. Marchaux.

M. Leroy est dans une position équivalente. Il a peint, à peu de chose près, un sujet semblable, sur une toile de même grandeur. J'ajouterai même qu'il l'a exécutée avec le même talent.

Mais, encore une fois, pourquoi ne pas donner ces mauvaises places à ceux à qui elles reviennent de droit? Pourquoi ne pas avoir mis le tableau de M. Marchaux ou Leroy à la place occupée par cet *Adam et Ève avec le père Éternel,* tous trois nus, en reléguant cette digne trinité à la place que couvrent les tableaux de ces deux artistes?

13.

Malgré le désir que j'aurais de parler des *Mauvais conseils*, par M. Leroy, il faut que je me borne à dire que sa composition est bonne, dans un jour vrai, et que la matrone insidieuse qui essaie d'entraîner la jeune fille qu'elle veut perdre m'a paru effrayante de réalisme, hideuse de vérité. La pauvre enfant semble entendre les paroles de l'odieuse tentatrice pour la première fois; elle ne paraît pas très-décidée à la suivre, comme si elle avait le pressentiment de ce qui lui arrivera, de ce que l'on veut d'elle. Voilà, ce me semble, ce que M. Leroy a voulu peindre; mais, comme je n'ai nullement pu voir les figures, ce qui est capital, je pourrais bien me tromper. Sur un seul point, j'affirme : l'aspect du tableau de cet artiste est très-remarquable.

Je m'aperçois, au moment où je vais parler du *Pèlerinage au Sacro-Speco*, peint par M. Lefebvre, que j'ai oublié de parler, en son lieu et place, de sa *Jeune fille endormie*. Je vais réparer mon omission. Je ne veux considérer cette toile que comme une étude d'atelier arrangée en tableau pour les besoins de la circonstance ou plutôt de l'Exposition.

Comme étude, c'est maigre de peinture, pauvre de dessin dans certaines parties; mais enfin c'est une bonne étude. Au point de vue du tableau, cela n'existe pas. Il faut autre chose qu'une fille et endormie sans grâce, sur une table à modèle, pour constituer un tableau, il ne faut pas seulement un dos et des..... jambes. Il faut aussi que le mouvement soit bien trouvé, que..... enfin il est de toute nécessité qu'un tableau soit un tableau.

Quel est l'élève qui, après être resté quatre ou cinq ans chez son maître, n'est pas capable de peindre un dos, un torse ou une jambe? M. Lefebvre n'a pas fait autre chose; c'est loin d'être suffisant. Je préfère à la *Jeune fille endormie* le *Pèlerinage au Sacro-Speco*, qui, au moins, a des qualités d'observation et de justesse. L'harmonie de cette toile est agréable, les figures bien dessinées, le jour celui d'un intérieur.

J'aime beaucoup mieux les tableaux de M. J. Patrois, un peintre de talent, auquel les médailles déjà obtenues à juste titre n'ont pas fait croire qu'il pouvait se dispenser de toute recherche. Ses deux charmantes toiles nous montrent : l'une, *François I*[er] *donnant au Rosso les titres et propriété de l'abbaye de Saint-Martin*, en récompense des travaux de décoration exécutés par cet artiste au palais de Fontainebleau; l'autre, représentant le *Pressoir en Touraine.* Ces deux ouvrages sont, d'un bout à l'autre. d'un ton exquis et d'une couleur fine et lumineuse.

CHAPITRE XIV.

PAYSAGE (*Suite*).

MM. Appian, Allongé, Castan, Desbrosses, J. d'Alheim, Léon
Flahaut, A. Guillaume.

M. Appian, avec lequel je commence ce second
chapitre sur le paysage, est, à mon avis, un des plus
sincères artistes en ce genre.

Le *Sentier des roches*, un *Rocher dans les commu-
naux de Rise*, résument au plus haut degré les qualités de cet artiste. Ces toiles sont pleines d'air et de
légèreté. L'une d'entre elles surtout m'a plu infiniment : elle est pleine de transparence; le ciel est
clair; sur le premier plan de gauche s'épanouissent

de jolies fleurs violettes, des glayeuls sauvages. Le site est poétique, rempli de charme. M. Appian est un des chefs de notre jeune école de paysagistes.

M. Allongé est, lui aussi, un artiste de grand talent ; ses deux toiles, l'*Étang du Perray* à Rambouillet, le *Bourg de Crach* à Lockmariaker, sont deux parfaites impressions de la bonne et belle nature.

Ces deux sites sont bien trouvés ; comme dans les paysages de M. Appian, l'air y règne en souverain, la couleur en est bonne, suffisamment énergique ; M. Allongé a donc envoyé deux bons tableaux.

M. Castan est l'auteur de deux bons paysages, les *Bords de la Creuse* à Gargilesse et un *Effet de crépuscule*, bien supérieur à la première de ces toiles, qui ne me parait pas valoir les précédents envois de M. Castan.

J'éprouve un sincère plaisir à parler de M. Léopold Desbrosses.

Le soleil vient de se coucher ; il a disparu de l'horizon ; bientôt va descendre la blonde Phébé ou la chaste Diane (à votre choix). La nature se repose des fatigues du jour, les fleurs referment leurs calices, le gazon savoure les gouttelettes de rosée, ces purs diamants de l'herbe ; le mystère se fait dans les sombres massifs, dans les profondeurs des grands arbres. Une fraîche brise agite doucement les feuilles qui, s'entrechoquant, viennent mêler leur musique à l'harmonieux concert de la nature. Les élégantes demoiselles, au svelte corsage, les coquettes libellules aux ailes diaprées voltigent, capricieuses et pleines de grâce, sur la jolie petite rivière.

Tel est le thème sur lequel M. Desbrosses a brodé le plus joli tableau qu'on puisse imaginer. Œuvre de jeunesse, œuvre poétique inspirée aux pures sources de la nature.

Sous bois, Vue prise dans la forêt de Fontainebleau, de M. J. d'Alheim, sont deux chefs-d'œuvre d'exécution. La première de ces toiles surtout est ravissante de facture; l'effet est bien compris, les verts justes, le ton général très-sain. On voudrait se promener sous ces bois mélancoliques, chercher la solitude dans ces épais taillis, se reposer sur l'herbe verte et fleurie qu'ombragent les grands arbres, s'endormir sous le feuillage de ces vieux chênes séculaires, confidents de bien des amours. Qui de nous n'a pas inscrit son nom enlacé dans celui d'une femme aimée?

La *Vue de la forêt de Fontainebleau* a aussi de trèsgrandes qualités, une juste impression, beaucoup de lumière. Je reprocherai cependant à M. d'Alheim quelques verts lumineux qui se trouvent dans les fonds, et auxquels on pourrait désirer plus de légèreté; ils sont lourds et presque faux.

Le site choisi par M. Léon Flahaut est d'une rare simplicité : le *Soleil se couche dans l'étang de Saint-Hubert*, et rarement il s'est endormi aussi brillant, aussi lumineux, aussi intense. Mais déjà les verts s'assombrissent, la campagne devient mystérieuse; tout se transforme sous cette brusque transition d'une grande lumière à l'obscurité.

Cette toile est d'une écrasante vérité, d'une justesse à laquelle peu d'artistes ont pu parvenir.

On ne saurait contester l'immense supériorité de notre école de paysage sur les anciennes écoles, quelles qu'elles soient. Ces dernières années ont vu éclore une pléiade de brillants artistes, qui se sont élevés dans l'étude de la nature, à une hauteur inconnue jusqu'ici.

Jamais la poésie des champs et des forêts n'avait trouvé de si puissants, de si sincères interprètes.

Aussi, écoutez-les parler ces jeunes enthousiastes. Comme ils aiment leurs grands bois! comme ils adorent le beau soleil! Notre siècle est une véritable renaissance de la peinture de paysage.

Avez-vous vu les deux tableaux de M. Antony

Guillaume? Si vous n'avez pas eu cette bonne chance, tâchez de réparer ce malheur de vos yeux. Ce jeune artiste a peint les Pyrénées, et nul n'a su mieux que lui en rendre l'air pénétrant et pur.

Le *Chemin de la source à Mauhoura* (source près de Cauterets) est une peinture très-solidement peinte, malgré son exquise finesse. M. A. Guillaume, par un prodige que j'ignore, fait respirer dans ses tableaux les fraîches émanations de la campagne. Il a des délicatesses d'aquarelliste, et cependant sa peinture a un aspect très-*corsé*, les roches ont le rocailleux de la pierre, les verts une incroyable variété, ses ciels une douceur profonde qui n'est pas ordinaire à tous les paysagistes.

L'aspect des deux tableaux, le *Chemin de la source* et les *Souvenirs des Pyrénées*, a une vérité d'aspect qui saisit tout d'abord.

M. Guillaume peut se vanter d'avoir fait deux œuvres complétement jolies, qui sont bien les plus charmantes études que l'on puisse voir.

CHAPITRE XV.

PAYSAGE (*Suite*).

MM. Lavieille, Léonce Chabry, Harpignies, de Groiseillez, Oudinot, Gosselin, Guillemet, Désiré Dubois, Lapostolet Sergent, etc., etc., etc...

M. Lavieille, dont je reconnais l'immense talent, n'est pas le paysagiste que j'aime par excellence. Sa couleur n'est point celle que mes yeux voient dans la nature. Il y a de l'ennui dans les deux toiles qu'il expose cette année, sous le titre de : le *Printemps* et l'*Automne*.

Ces deux paysages manquent de ce charme invincible, de cette poésie qui sont inhérents à la campagne.

Mais l'immense qualité de la peinture de cet artiste, c'est que l'air y abonde, c'est que l'on y respire, que les poumons s'y dilatent avec bonheur.

M. Léonce Chabry possède aussi ces qualités. La *Récolte des citrouilles* et *Dans le fossé* sont de très-jolis tableaux; le second surtout, où quelques moutons sont couchés, se distingue par un effet très-poétique, une impression mélancolique, qui donne à ce paysage un attrait puissant.

M. Harpignies est représenté au Salon par deux fort jolies peintures. La *Petite marine à Sorrente*, qui est fort jolie de ton, nous montre la mer baignant de grands rochers blancs, sur lesquels poussent de grands arbres verdoyants, qui abritent une coquette maison, délicieux éden si séduisant que l'on a une folle envie d'y finir ses jours. Dans ce tableau, le ciel est vrai, la mer calme et profonde, la facture en est charmante, singulière dans les premiers plans, composés de galets de toutes couleurs, de toutes formes, que M. Harpignies a rendus avec un rare bonheur. Son autre tableau est *Rome, vue du mont Palatin*, excellent à tous égards, corsé de ton, d'une exécution solide, mais un peu uniforme.

Les *Bords du Gardon le soir*, le *Pont du Gard le matin*, tels sont les titres des paysages de M. Groiseillez;

peintures d'un aspect vrai, remplies d'air. Cet artiste excelle à rendre l'eau ; dans la première de ces toiles, elle est tellement claire, limpide et transparente, que l'illusion est complète.

M. Oudinot a choisi les beaux vers :

> « O Primavera gioventu dell' anno,
> « O Gioventu primavera della vita. »

Et dans le paysage peint sous cette poétique influence, il a introduit le printemps et la jeunesse.

C'est une toile fort agréable et qui n'est pas dépourvue de style.

M. Gosselin nous fait voir des moutons cheminant aux approches du soir sur une route; le soleil va se coucher, et déjà le ciel se colore des teintes ardentes du crépuscule. C'est une bonne peinture qui a bien mérité la médaille qu'on lui a accordée. Le ciel est peut-être un peu lourd, mais l'effet est compris, et la construction, l'anatomie des arbres très-observée. Pourquoi donc ne pas avoir passé un vernis sur ce tableau ? il paraît terne et doit perdre beaucoup.

M. A. Guillemet expose un grand paysage, l'*Etang de Bat* (Isère) ; il y a de grandes qualités, de l'audace dans cette toile, d'un ton très-vert et très-fin ; l'effet est fort juste et largement compris.

Avant la pluie et *Dans les landes de la Creuse*, de M. D. Dubois, sont de jolies et franches peintures de la nature.

Le *Souvenir de Bourgogne*, de M. Lapostolet, est mal placé ; le cadre du paysage de M. Sergent se reflète dans le côté droit de sa toile et empêche beaucoup de la voir. Autant que j'ai pu en juger, *Souvenir de Bourgogne*, ainsi que le *Lavoir*, sont deux excellentes toiles.

Drôle de peinture que celle de M. Sergent! Singulier paysage que ces *Ruines du théâtre de Taormine*, avec ses murs de briques, ses colonnes délabrées! Il y a de l'air dans ce tableau, mais guère que cela.

M. Capelle expose une *Vue à Neumoulin :* le soleil se couche, l'effet est juste, bien exécuté avec une couleur vraie et des tons assez aériens.

M. de Curzon expose : *Au bord d'un torrent*, dans les Apennins ; c'est une peinture creuse, le type du paysage historique, un peu amélioré toutefois par les progrès de notre école de la nature.

Cavaliers sénonais en fuite, de M. Grenet, représentent des guerriers à cheval, en déroute. Les petites figures sont bien traitées ; le paysage est compris dans son acception dramatique, un peu lourd, mais d'une couleur vraie et juste.

Un *Défaut dans la Gorge au Loup*, motif de la forêt de Fontainebleau, complète l'exposition de cet artiste.

M. Daliphard a peint deux ravissantes toiles : l'une nous montre un *Abreuvoir* sur la Seine, près de Poissy, l'autre est le *Fort de Muyden*, côtes du Zuiderzée. Très-joli ce *Fort de Muyden*, charmante peinture d'un effet vrai et poétique. Mais pourquoi, diable, ce gredin de glacis jaune vient-il gâter le bas du ciel? Ce n'est pas heureux.

Encore deux fort jolis tableaux, de M. Camille Bernier. Les *Feux du Goémon*, sur la côte de Kersaint, le *Vallon de Kersaint*, sont deux jolis paysages bretons remplis d'air, dans les premiers plans surtout, et dont la couleur est harmonieusement vraie. Dans la première de ces toiles, des chevaux sont attelés à une charrette; ils sont fort intelligemment dessinés.

Citons encore une *Vue du golfe Jouan* et *Saint-Cassien*, de M. E. Buttura; l'*Entrée d'un petit bois, le soir*, de M. Beauvais; *Jeu de quille, en Beauce*, de M. N. Berthon; la *Chaussée d'Étang dans le Berry*, et les *Souvenirs de Dieppe*, de M. Baudit; un fort beau paysage, de M. Bavoux, représentant le *Saut du Doubs*, rempli d'air, d'un bon effet, malgré quelques verts un peu trop jaunes dans les lumières; *Nancray*, du même artiste ; deux fort belles toiles de M. Lansyer ; une *Matinée de septembre*, à Douarnenez, et les *Bords de l'Ellée*, au Faouet, dans le Morbihan ; une *Matinée à Romainville*, de M. J. Tavernier, paysage bien ensoleillé, très-poétique, malgré un peu de fouillis dans les premiers plans.

Distinguons encore un joli paysage de M. J. Colla, les *Bords de l'eau;* deux toiles de M. Crapelet, l'*Ancien village des Catalans*, peinture saisissante de vérité ; et un site de Provence charmant de facture ; le *Pont du Gard* et le *Gardon*, de M. Lanoue, dont tout le monde connaît les charmants pastels; les *Jardinières de Fontarabie*, de M. Hedouin, bonne peinture, quoique un peu crue et lourde dans les fonds ; le *Val des Ormes*, grande toile de M. C. Chanut ; une *Matinée de septembre*, de M. Chardin; un *Vieux moulin à Guilde* et un *Soir d'été en Sologne*, de M. Blin, un excellent paysage; l'*Automne*, de M. H. Boulenger, peinture qui ne laisse rien à désirer, dessin, couleur, impression, tout est parfait.

Parlons aussi de M. Brigot, que j'aurais dû citer parmi les peintres de figure, mais qui ne sera que mieux placé entre tous ces artistes sur le compte desquels je voudrais m'étendre davantage. M. Brigot a peint un *Déjeuner champêtre* avec une exécution franche et hardie; ce déjeuner-là est fort bon, l'effet est juste, le site bien choisi, le moment favorable, tout invite au repos. M. Brigot a bien compris son sujet, sa couleur est d'une bonne tonalité, il est désormais une des plus sérieuses espérances de l'école réaliste. Mais que cela ne l'empêche pas de dessiner.

N'oublions pas M. Anastasi, dont le *Forum au soleil couchant* et les *Bords du Tibre* sont d'imposants tableaux pour lesquels je regrette d'être si bref; un autre effet de *Soleil couchant sur le Tibre*, de M. Besnus; *Après la moisson*, du même artiste; un coloriste puissant et vrai, M. Cibot, qui, malgré de la lourdeur, montre de puissantes qualités dans ses deux vues de *Rochefort* et de *Soisy-sur-École;* M. Ciceri, qui manque un peu de sincérité, mais dont les œuvres sont très-décoratives; le *Sentier à Puits*, et le *Chemin de Pourville*, de M. E. Guillemer; deux paysages de M. Paris, *Après l'orage*, la *Chapelle palatine de Palerme*, qui ont du style et de l'effet; M. Daubigny fils, qui a beaucoup de talent, *autant que son père;* la *Vente*, un effet du matin, et le *Lavoir sur la Bièvre*, scrupuleuses études de M. Desmarquais.

Remarquons aussi deux jolis tableaux de M. E. Dardoize, la *Promenade* et *Solitude*, jolis sites, charmante petite peinture ; le *Ruisseau de Courcoury*, près Saintes, de M. H. Pradelles ; *Aux Corbiers*, de M. Henriet, bonne toile, solidement exécutée, très-empâtée dans les premiers plans, légère dans les fonds, très-juste de couleur ; la *Guerre dans un marais*, de M. Reynart, qui, dans ce tableau, ainsi que dans les *Environs de Lille*, a montré des qualités réelles de paysagiste ; *A Villiers*, fort bon tableau de M. Luigi-Loir · les *Falaises d'Houlgate*, de mademoiselle Edma Morisot ; une *Matinée d'hiver* et *Dessous de bois*, de M. A. Saunier ; *Lisière d'un bois* et *Paysage*, de M. Champion ; *Fin d'hiver dans le bois de Sèvres*, effet décoratif, charmante peinture pleine de distinction, et du même auteur, M. Barriat, une *Cour de ferme*, plus sincère encore, meilleure ; l'*Affût aérien*, jolie toile de M. Gustave Chadeuil, l'écrivain distingué ; un paysage de M. Williot ; la *Chapelle des marins* à Valery-sur-Somme, de mademoiselle Bourges ; les *Gorges d'Apremont*, bonne étude d'hiver de M. Chauvel.

Je m'arrête ! Si je voulais citer tout ce qu'il y a de bon parmi les paysagistes, je serais forcé de parler un peu de tout le monde, ce qui me conduirait beaucoup trop loin.

CHAPITRE XVI.

MM. A. Dauzatz, E. Fromentin, Huguet, Pasini, Guillaumet, Magy, A. Couverchel, Fabius Brest, Paul Delamain, R. Boulanger, Ziem, Tournemine.

M. Adrien Dauzats a cette année-ci laissé de côté le pays du soleil pour le brouillard parisien ; il est descendu du Sinaï pour venir faire un tour de boulevard. Je le classerai néanmoins à sa place habituelle dans la pléiade des orientalistes, dont il est la plus brillante étoile.

La *Porte Saint-Martin et le Boulevard Saint-Denis*, tel est le sujet choisi par le spirituel artiste.

M. A. Dauzats a fait la plus exacte peinture de ce qu'est une rue à notre époque : tout a trouvé sa place dans son tableau, l'agent de police et le balayeur de rue, l'élégante et riche patricienne et l'humble grisette, le brillant équipage et le populaire omnibus ; la porte Saint-Martin et ces monuments anonymes que je vous laisse le soin de deviner, et sur lesquels M. Dauzats a écrit les titres des pièces de théâtre que l'on jouait à cette époque, rendant ainsi durable ces gloires d'un moment, ou les chutes ignorées.

Dans un siècle ou deux, le tableau de M. Dauzats sera une œuvre du plus haut intérêt. Que peut la littérature à côté de la peinture, qui vous montre au lieu de vous donner à deviner ? Combien seraient plus curieux, plus attrayants les *Tableaux de Paris* de Mercier, s'il eût été peintre, au lieu d'être écrivain !

M. Dauzats a parfaitement compris que son tableau deviendrait un document historique, un précieux renseignement, et il en a soigné tous les détails avec un esprit et une observation pleins de charmes.

Il faudrait un volume pour dire tout ce que contient ce tableau. Je me contente de féliciter chaudement M. Dauzats sur son idée heureuse et neuve, et de conseiller vivement aux jeunes artistes de voir l'avenir qu'il y aurait à continuer le nouveau genre de peinture que vient de créer ce maitre verveux et original.

Le *Couvent de Saint-Antoine* au mont Liban est une ravissante toile où se retrouvent toutes les qualités brillantes de l'éminent artiste.

M. Fromentin est représenté au Salon par deux charmants tableaux, la *Chasse au héron*, en Algérie, et les *Voleurs de nuit*, dans le Sahara algérien.

Jamais M. Fromentin n'avait poussé aussi loin les qualités qu'il possède. Dans le premier de ces tableaux surtout, la couleur est ravissante, fine, distinguée, harmonieuse ; les chevaux sont dessinés parfaitement, les cavaliers bien posés. On éprouve un grand plaisir en voyant la peinture de M. E. Fromentin ; son art est délicat, exquis, tout de nuances, la *Chasse au héron* en est la plus charmante incarnation.

J'aime moins ses *Voleurs de nuit ;* c'est plutôt un camaïeu qu'un tableau. La nuit, surtout en Orient, n'est pas le moins du monde aussi monochrome que dans le tableau de M. Fromentin.

Malgré tout, c'est encore une excellente toile , bien conçue, faite d'après une impression sincère. Si cet artiste n'a pas rendu les tons neutres et si fins de la nuit, il en a rendu le calme, la tranquillité.

M. Pazini expose des *Cavaliers syriens partant pour la chasse au faucon*, où l'on retrouve un peu trop les mêmes qualités que dans M. Fromentin; néanmoins on ne peut contester à M. Pazini une individualité quelconque.

M. Huguet, un élève de Loubon, est représenté au Salon par une *Caravane en Afrique,* et une *Halte sous les murs de Constantine.* Ces deux toiles sont charmantes, d'une couleur claire, spirituellement peintes et très-personnelles. En voilà plus qu'il n'en faut pour mériter le titre d'artiste sérieux.

Le *Marché arabe dans la plaine de Toiria,* un *Soir dans le Sahara,* sont deux excellentes impressions de l'Orient. Le *Marché arabe* est un des succès du Salon et a, je crois, obtenu une médaille, la mieux méritée peut-être. Ce tableau, tout en étant profondément vrai, est net, concis, et par-dessus tout très-intéressant de facture; les types d'Arabes sont scrupuleusement exacts ainsi que les costumes. On pourrait reprocher à M. Guillaumet le dessin de ses chevaux et aussi un peu de lourdeur dans certaines parties de son grand tableau, supérieur de tous points à celui qu'il a exposé en 1863.

Un *Soir dans le Sahara* est une excellente toile qui ne laisse rien à la critique.

Ruth et Booz, de M. Magy, a des qualités; mais ce n'est guère qu'une fort bonne impression mal rendue.

Agar chassée par Abraham est une toile qui vaut infiniment mieux., dont la composition est bonne, mais qui ne reporte pas assez la pensée vers l'époque où la Bible place ce fait. Cependant c'est là un excellent tableau, bien peint et d'une tonalité chaude et lumineuse.

M. Couverchel expose un *Etalon arabe*, bonne peinture, et l'*Oued Zergoun*, qui serait un paysage irréprochable, s'il était plus vrai de ton.

Je ne félicite pas M. Fabius Brest sur ses envois de cette année. Le *Beiram* est bien inférieur aux tableaux précédemment peints par cet artiste ; le ton papillote, l'œil ne peut se fixer sur aucun point. C'est tout au plus si, dans quelques groupes, à droite, on reconnaît le talent incontestable de M. Fabius Brest.

Le *Débarcadère d'Eyoub dans la Corne-d'Or*, à Constantinople, sans être une excellente peinture, vaut infiniment mieux.

M. Paul Delamain, dont je vois des tableaux pour la première fois, a peint deux fort bonnes toiles. Une d'elles est une *Fontaine à Bou-Zarcah*, à Alger ; l'autre, les *Anciens remparts d'Alger*.

M. Paul Delamain a des qualités d'énergie et de puissance qui ne sont pas communes.

Djeïd et Rahia, de M. G. R. Boulanger, est, ainsi que le portrait de Hamdy-Bey, une délicieuse toile pleine d'esprit et de brio, bien dessinée et supérieurement peinte.

Venise et le *Mas Vincent*, de M. Ziem, sont deux bonnes peintures chaudes et lumineuses, mais inférieures à son tableau exposé au Luxembourg.

Je citerai aussi M. Tournemine, qui est un homme de beaucoup de talent, mais qui a le tort d'enjoliver la nature, au lieu de la copier franchement. Il est impossible d'accepter la *Rue conduisant au bazar de Chabran-el-Kebir*, et son autre toile, *Sur la route de Marnésia*, à Smyrne, comme des peintures vraies, cela n'est pas vraisemblable.

CHAPITRE XVII.

PEINTURE D'ANIMAUX.

MM. Ch. Jacques, Schenck, Vié, A. Werwée, Villa, Brendel,
Verlat, Servin. Marcellin Laporte, Marie Collart, Xavier de
Cock, Bailly, H rmann-Léon, Max. Claude, G. Washington,
E. de Pratère, H. Plathner, Ferd. Chaigneau, G. de Hagemann,
Couturier, Kuitenbrouwer, Léonard de Haas, Melin, ma-
dame C. Moreau, J. Didier, Couty, Brunet-Houard.

M. Charles Jacques, le maître des aquafortistes,
mais qui, lui aussi, se laisse quelquefois entraîner
par le joli, par les petits effets bourgeois, est représenté au Salon par un des plus agréables tableaux
que j'aie jamais vus signés de sa main.

Une *Pastorale*, voilà le titre de cette charmante
composition. Le ton de cette petite toile est fin, co-

loré, sincère ; on y retrouve le vigoureux aquafor-
tiste de la bonne époque, alors qu'il gravait son *Rémouleur*, et ce *Joli petit Courrier* auquel une servante
d'auberge donne à boire, et qui est un délicieux
chef-d'œuvre.

M. Schenck expose le *Râtelier*, tableau que l'on
ne comprend plus lorsqu'on en connaît le titre. On
voit, en effet, des têtes de moutons très-vivantes,
quoique séparées du corps ; c'est prodigieux comme
phénomène, c'est puissant comme peinture : ce sont
enfin de bonnes et franches études fort habiles de
facture et vraies de ton. Le *Réveil*, du même auteur,
est une excellente toile, mais plus molle ; M. Schenck
a traité le paysage trop comme un accessoire. C'est
un tort.

Il serait à désirer toutefois que nous eussions beaucoup de peintres d'animaux comme cet artiste, car
la mort de Troyon a fait un terrible vide dans ce
genre de peinture.

La *Sortie du troupeau*, de M. Vié, est une fort
bonne toile, bien colorée et savamment peinte. Je
regrette que la place me manque pour parler de lui,
ainsi que de bien d'autres, qui, arrivant les derniers,
trouvent la place à peu près prise.

La *Ferme rose* et le *Verger*, de M. A. Werwée, sont

les deux meilleurs tableaux que l'on ait faits en ce genre depuis longtemps. Cet artiste est le plus sincère observateur que je connaisse. A la bonne heure ! voilà de la peinture franche, qui ne cherche ni à embellir, ni à forcer la nature. Ces deux tableaux sont vrais d'aspect, justes de ton ; les vaches sont bien dessinées, le poil est rendu admirablement ; bref, c'est parfait d'un bout à l'autre, à la hauteur des Paul Potter comme science et comme sentiment.

Encore un charmant tableau, le *Lapin et la Sarcelle*, de M. E. Villa. La fable de l'aimable chevalier de Florian est traitée par cet artiste avec le sentiment et l'esprit qui caractérisent le charmant conte. Le lapin a un air tout penaud qui est amusant au possible. Il faut aussi parler des grandes qualités d'exécution que renferme ce tableau ; tout est peint selon son essence, le poil et la plume sont pleins de légèreté, les fonds vaporeux, les premiers plans très-énergiques.

Dans la Plaine, exposé par M. Brendel, est, sans contredit, une des meilleures toiles de cet excellent artiste. Voilà une de ces œuvres qui arrêtent au passage et s'imposent à l'admiration. Un malheureux lièvre a été dépisté par un chien ; aussitôt lièvre de fuir éperdu, chien de le suivre, laboureurs de courir.

Il y a un mouvement étourdissant dans cette charmante composition ; les moutons, effrayés de tout ce
remue-ménage, s'agitent, se cognent, se culbutent,
ce qui augmente encore l'animation. Les chevaux
qui labourent un peu plus haut sont, ainsi que ceux
qui les conduisent, bien à leur plan ; le paysage est
supérieurement traité, le site bien choisi. C'est une
œuvre enfin à mettre au rang des meilleures.

M. Verlat peint maigrement ; j'aime peu son *Ber-
trand et Raton*.

Je préfère laisser là M. Verlat, qui est cependant
un bon artiste, et pénétrer avec vous dans cet *Intérieur d'étable en Brie*, que nous montre M. Servin.
C'est une excellente toile, d'un ton gras et riche,
d'une facture bien accentuée. Dans le fond, un coup
de soleil très-juste et très-lumineux, et, à gauche de
l'écurie, de belles vaches au râtelier, que M. Servin a
dessinées et peintes avec beaucoup de talent. La fer-
mière est un peu trop brillante ; il y a encore dans cette
peinture une certaine recherche du ton joli qui n'est
pas à sa place.

Heureusement ce défaut n'est que peu développé.

Je ne puis passer sous silence l'idylle champêtre
de M. Marcellin Laporte, qui a des qualités de vérité
fortement indiquées.

Je reviens encore sur mademoiselle Marie Collart. Le pendant de sa *Fille de ferme* est une vache noire dans un verger. Cette peinture est d'un aspect franc qui frappe tout d'abord ; décidément il faudra que la critique compte avec mademoiselle Collart.

M. Xavier de Cock expose des *Vaches dans une prairie*. L'exécution de cette toile, quoique un peu cotonneuse, est assez juste de couleur.

Il est plus que *Mignon*, le griffon charmant qui s'apprête à nous sauter aux jambes ; M. Bailly en a fait un délicieux petit chien de boudoir que les rues ne sont pas dignes d'admirer.

M. Hermann-Léon nous conduit dans une *Ferme :* par un joli jour de printemps, une fille robuste apporte la pâtée quotidienne aux poules et aux oies, qui ne savent trop comment témoigner le plaisir que cette visite leur cause. Les poules voltigent, les canards accourent lourdement, les oies, qui semblent se souvenir encore du Capitole, arrivent calmes et graves, ne voulant pas perdre leur part du festin.

C'est un joli intérieur de ferme, très-habilement exécuté, très-finement coloré.

Même compliment pour le *Chien en chasse*, du même auteur.

Le *Chien* de M. Hermann-Léon nous conduit

auprès de ceux de M. Maxime Claude. La *Sortie du Chenil de Chantilly* est tout simplement abasourdissante de vérité dans la couleur et dans l'effet. Chaque chien est étudié avec un soin, anatomisé avec une précision qui ne nous a pas surpris de la part de M. Maxime Claude. Sa peinture est facile, sa touche extraordinairement savante. Le *Relais de chiens*, également exposé par lui, possède les mêmes qualités, de plus, un valet supérieurement campé, et auquel l'auteur a parfaitement donné le physique de l'emploi.

Le *Steeple-chase*, de M. Washington, a beaucoup de mouvement : il y a un malheureux jockey faisant la culbute, qui est un des meilleurs morceaux.

M. E. de Pratère est un fin coloriste, mais il devrait mieux dessiner ses vaches. Avec plus de formes, ses *Pâturages en Flandre* seraient un tableau parfait. Restent, comme je l'ai dit, des qualités de coloriste fin et harmonieux.

Les *Élèves de la grand'mère*, par M. H. Plathner, forment une charmante peinture remplie de qualités.

Il y a plaisir à parler d'artistes de la valeur de M. Ferdinand Chaigneau. Le *Carrefour de l'Épine* et les *Vaches près les hauteurs d'Apremont* sont deux toiles auxquelles il faudrait bien peu de chose pour devenir des œuvres parfaites : un peu plus de dessin dans les vaches, un peu plus de vigueur dans certaines parties du paysage, et voilà de délicieux tableaux.

Je place ici M. de Hagemann, auteur du *Retour du marché* et du *Château de la reine Blanche*. Ce sont deux bons paysages dont la couleur grise flatte l'œil. Toutefois, l'exécution de cet artiste est trop fouillée, sa couleur manque d'énergie dans les profondeurs, dans les ombres.

M. Couturier a été pris d'une malheureuse idée quand il a peint sa *Déroute de poules*. Il faut autre chose que de jolis tons perlés pour faire un tableau de cette dimension. M. Couturier l'a appris à ses dépens.

Vermouth, par M. Kuitenbrouwer, est le portrait du fameux cheval qui a balancé la fortune hippique de l'Angleterre. C'est peut-être un excellent portrait de cheval, mais c'est un pauvre tableau.

Avec la science de M. Kuitenbrouwer on peut faire autrement. A l'année prochaine donc !

Les *Vaches du journalier* et une *Halte d'ânes dans les Flandres* sont de jolies peintures de M. Léonard de Haas. Ces pauvres ânes sont charmants de douceur, de résignation, malheureusement les fonds manquent d'air.

Les *Chiens terriers* et les *Chiens anglais*, de M. Melin, sont d'un dessin vigoureux et sincère. Dans le premier tableau, M. Melin a négligé le raccourci du chien blanc; il est ramassé, mais n'est pas en raccourci.

Le *Repas du Sanglier*, de madame Camille Moreau, est une grande toile pleine de qualités; la couleur en est agréable, appropriée au sujet, l'exécution savante. Madame Moreau a su rendre fort bien le poil rugueux de cet animal.

M. Jules Didier, grand prix de Rome, a rapporté d'Italie d'intéressants souvenirs dont il fait d'excellents tableaux. Le *Battage du blé* dans la campagne de Rome est une jolie toile d'une facture habile; les chevaux, lancés au galop, sont bien dessinés, les petites figures justes dans leur pose. M. Jules Didier a une facture intéressante au dernier point; je voudrais bien lui voir entreprendre des tableaux d'une plus grande importance.

M. Couty a peint un superbe *Caniche* voué à la pasquinade en dépit de lui-même. Il se repose de ses tours, coiffé mélancoliquement d'un chapeau de gendarme, et semble réfléchir tristement à son humble condition, reportant sa pensée vers son enfance, au temps où sa mère lui apportait tendrement dans sa gueule les petits produits de ses larcins.

Quantum mutatus ab illo tempore!

Les *Chevaux de poste en retour*, de M. Brunet-Houard, ont beaucoup de mouvement; c'est encore un fort joli tableau.

CHAPITRE XVIII.

Il y a beaucoup de portraits au Salon, mais j'aime à croire qu'ils ne sont pas tous ressemblants. M. Cabanel, avec le portrait de *Madame la vicomtesse de Ganey*, s'est un peu réhabilité dans l'estime des gens de goût. Il est loin d'avoir fait un beau portrait, mais enfin cette toile ne révolte pas toutes les idées admises dans l'art.

Le portrait en question est loin de valoir celui de M. Vidal, dont le gracieux modèle sourit spirituellement. Celui-ci a du style, de l'esprit, c'est, sans contredit, un des meilleurs que l'on ait faits depuis longtemps, c'est tout au plus si on pourrait désirer un peu plus d'air dans cette attrayante peinture.

Je ne puis m'empêcher de parler tout de suite du portrait de *Madame B****, peinture à la cire de M. F. Barrias. Comme je procède par ordre de mérite, et non par grandeur de toile, personne ne s'étonnera de voir nommer M. Barrias avant les immenses portraits officiels de M. M***. Cette charmante tête (ce n'est qu'une tête, hélas!) est la plus jolie peinture que l'on puisse voir.

Son auteur a su lui donner une élégance, une distinction dont il devrait bien enseigner le secret à certains de ses confrères. M. Barrias n'ignore pas que ce n'est pas en faisant mou que l'on donne de l'ampleur à la peinture, en amaigrissant les formes qu'on les rend distinguées, en grisaillant ses tons qu'on les rend fins et délicats.

Un seul reproche à M. Barrias : Pourquoi nous avoir mis en appétit avec ce charmant cadre, puisqu'il ne voulait pas contenter cet appétit? Nous voilà donc réduits à souffrir la disette jusqu'à l'année prochaine.

M. Collette a exposé trois portraits en deux toiles : le sien, d'abord, très-énergique et bien accusé, et ensuite ceux de deux charmantes femmes : *Deux amies*, dit le livret; grâce et beauté, disons-nous.

Ces deux ravissantes figures, si gracieusement en-
cadrées dans la mousseline blanche, dans le tulle
léger, sont d'un dessin ferme, vigoureux, serré. Ce
sont là deux études de maître, qui ne rappellent les
œuvres des grands artistes que comme valeur, comme
beauté. M. Collette a le droit d'être satisfait de son
œuvre ; j'ai éprouvé pour ma part un grand plaisir à
voir l'admiration que ses *Deux amies* suscitaient. Je
comprends qu'elles aient inspiré la verve de cet artiste.

Une *Liseuse*, de M. Louis Dubois, est encore une
délicieuse peinture. Est-ce le modèle ou le portrait
qui charme ? peu importe, l'impression est séduisante, on est attiré vers cette jeune femme si pleine
de distinction, si élégante, si gracieuse. Voilà de
l'art comme on n'en fait pas très-souvent, une science
du modelé que bien des artistes ignorent.

M. Jalabert est l'auteur d'un portrait assez agréable.

Je lui préfère l'élégante femme peinte par M. Au-
bert, œuvre de style, pleine d'originalité. de savoir
et de bon goût.

Je citerai également un portrait de M. Kaplinski.
un autre de M. Muraton, qui est dans une excellente
école et qui suit une voie sûre; un portrait de M. Me-
lotte : une jolie tête de mademoiselle Emilie Ray ; une

charmante étude de mademoiselle Victorine Régnier; une jolie Italienne de M. Saintin; un fort beau portrait de M. P. Berthon, peint par M. de Serres, qui se place tout d'un coup au rang des plus habiles et des plus consciencieux; une excellente tête de jeune fille, de M. Trouillebert; deux grands portraits de M. Larivière, l'un S. E. le maréchal Forey, l'autre M. de Janvry.

Et enfin, pour en finir, je nommerai M. Jacquesson de la Chevreuse, qui, dans un *Portrait d'homme*, montre des qualités de distinction et de style; M. de Wine, auteur d'une excellente toile; M. Weber, qui a trouvé pour son modèle une pose pleine de distinction; M. Horwouits, dont le charmant portrait de petite fille est fin et harmonieux; mademoiselle Léonie Dusseuil, auteur d'une jolie tête. *Rêverie*, très-fortement brossée.

M. Lazare Wihl expose deux portraits : celui de *M. A. d'E.* est supérieurement traité; mais pourquoi lui avoir passé ce *jus* de bitume qui lui enlève la moitié de ses qualités? Pourquoi cette fureur d'imiter le vieux tableau?

Les *trois portraits* peints par M. Archenault ont des qualités, mais un peu vulgaires; les modelés sont faux, et aucune variété n'existe entre les carnations de ces trois personnages, si différents par l'âge et la nature. Toutefois, cette toile a un certain effet.

L'*Écolier israélite*, de madame Henriette Brown, est infiniment meilleur que le *Portrait de Me L.*, qui est commun et prétentieux. Je dois citer encore un bon portrait de M. Guillon, envers lequel j'ai commis un impardonnable oubli, en ne faisant pas mention du *John Brown devant ses juges*, œuvre de force et de conviction; madame Lemée, pour un fort bon portrait de l'abbé R.; M. Emile de Specht, pour celui d'une jeune femme, heureusement posée, savamment peinte; le *Portrait de madame D****, par mademoiselle Pasquioux, qui expose également *Fleur de lin*, excellentes peintures, sentant l'étude des maîtres et l'amour du vrai, et celui d'un jeune chasseur, *M. d'A.*, supérieurement exécuté par mademoiselle E. Venot d'Auteroche, une artiste dont on peut présager le brillant avenir.

CHAPITRE XIX.

MARINES. — NATURES MORTES.

M. Isabey ouvre ce chapitre avec le *Naufrage du trois-mâts l'Emily*. C'est une scène rendue avec toute l'horreur que son beau talent sait imprimer à la tempête.

Voici venir M. Gudin...

Delacroix est ressuscité ! Devant l'arrivée de S. M. l'Empereur, le ciel s'entr'ouvre, des cascades de fleurs tombent des nues, les vaisseaux se pavoisent, le phare de Gênes en perd l'équilibre, et moi je me sauve éperdu, de peur de devenir fou devant cette immense tartine décrochée sans doute à Charenton.

Je recommande à M. Cham certaines têtes de femmes qui sont sur le premier plan. C'est délirant !

Venez avec M. Lepoitevin à Etretat, sur la plage, vous y verrez d'élégantes toilettes, tout le public habituel des villes de plaisirs ; c'est un fort joli tableau, malgré son manque d'air et son ciel lourd.

Les deux marines de M. Monet sont sans contredit les meilleures de l'exposition ; le ton est franc, la brise pénétrante comme en pleine mer, la facture naïve et jeune.

M. Thebault expose également une mer par un effet de soleil couchant. Bonne peinture.

Plage de Nice au Lazaret et la *Mer calme*, de M. Masure, sont aussi deux excellentes toiles, sincères d'effets et d'impressions.

Citons encore les deux toiles de M. Alexandre Thiollet.

Je laisse la mer pour les natures mortes. M. Monginot a obtenu une médaille pour un *Coin de palais* et pour son *Chevreuil*, deux excellentes productions d'un talent vrai.

M. Théodule Germain envoie un *Livre sur l'art de régner*, où l'on sent les excellents conseils de son maître, M. Ribot.

L'énumération de tous ces tableaux pourrait devenir fastidieuse, vu le peu d'intérêt des sujets; je vais donc me contenter de citer le panneau décoratif de M. Todd; les *Poissons* et le *Pot au feu*, de mademoiselle Marie Brosset; les *Fruits et Légumes*, de madame Muraton; le *Lièvre et l'attirail de chasse*, de M. C. Matet, directeur du Musée de Montpellier; le *Poulet déplumé*, de madame Binet; les *Fruits*, de M. Coté; *Science et foi*, de M. Carrey qui a poussé le trompe-l'œil au dernier point; un *Festin de souris*, de madame Julie Billou; la *Nature morte*. de M. J. Boyer; les ravissantes fleurs de M. C. de Serres; le *Gibier*, de M. Constantin, superbe décoration; *Chacun pour soi* et les *Fruits*, de M. Rousseau, deux chefs-d'œuvre de vérité; le *Rat de ville et le rat de champ*, spirituelle peinture de M. Kudaux; le tableau de mademoiselle Léontine Renoz; les *Lilas blancs et roses*, de M. Lemaire qui a poussé la finesse et la vérité du ton dans ses dernières limites; le *Marché aux légumes* et la *Nature morte*, de M. Scholderer; une grande décoration, de M. Vaysson; le *Bout de table*, de M. Jules Caron; et je croirai avoir nommé à peu près les plus méritants.

CHAPITRE XX.

AQUARELLES. — PASTELS. — DESSINS.

Ici ma tâche est délicate . non point que j'aie beaucoup à blâmer, mais, au contraire . parce que j'ai à
louer sans réserve. Or, l'éloge, quand il s'adresse aux
princes, devient un grave écueil, car la malignité
humaine est toujours portée à le taxer de flatterie.
Je ne m'arrêterai pas devant cette considération.
Ne prenant pour guide que ma conscience, pour de-
vise que *Vérité*, je dois la vérité à tous, et je la dirai
sans me laisser détourner de ce devoir par de puériles
considérations.

S. A. I. Madame la Princesse Mathilde a obtenu

17

une médaille pour les charmantes aquarelles qu'elle expose cette année.

Ce n'est pas d'aujourd'hui que l'impériale artiste méritait cette distinction ; elle est, sans contredit, une des plus savantes et des plus fines aquarellistes entre tous ceux dont nous sommes appelé à juger les œuvres. En faisant attendre cette récompense aussi longtemps, le jury semblait vouloir faire expier à la noble princesse son illustre origine ; il voulait lui laisser la gloire de lutter, de triompher de l'indifférence par le talent, d'être un véritable peintre, sujet aux mêmes lois que la vaillante armée dans les rangs de laquelle elle a consenti à descendre.

J'oserai affirmer que Son Altesse Impériale a éprouvé autant de plaisir que la plus humble artiste, quand on est venu lui apprendre la décision du jury. Lorsqu'on travaille avec autant de conscience, de conviction que Son Altesse Impériale, le haut rang et les titres disparaissent pour laisser toute la place à l'art, et l'art aime à être reconnu, à être consacré, en un mot, il a soif de gloire !

L'Intrigue sous le palais ducal, à Venise, est une peinture pleine de force et de relief, qui sort complétement des limites de l'aquarelle ; les colonnes de pierre qui soutiennent l'édifice sont d'un ton surprenant de vigueur ; les étoffes sont souples, les velours riches, les tons grassement colorés ; encore une fois, c'est énergique à faire croire que l'on n'a pas une aquarelle sous les yeux, mais bien une belle et puissante peinture à l'huile. Je me souviens surtout d'une jeune femme, vue de dos, et d'un cavalier costumé de velours bleu, si riches de couleur, d'une tonalité tellement chaude que je n'en croyais pas mes regards. M. Vanutelli est un heureux homme d'être ainsi interprété !

La *Tête de jeune fille*, de S. A. Impériale, est une merveille de facture délicate, et large cependant. Le dessin en est sévère, mais gracieusement joli ; les modelés sont énergiques dans leur douceur ; le ton a bien tout le satiné et le diaphane des chairs d'un jeune visage.

Dans sa généreuse bonté, madame la princesse Mathilde a fait don immédiatement au jury d'une médaille pareille à celle qu'on lui a accordée, et qu'elle méritait si bien, ne voulant pas priver un artiste d'une récompense capable d'exercer une heureuse influence sur son avenir. Ce sont là des faits qui ne se commentent pas, et les artistes doivent être fiers de voir leur art représenté si noblement jusque sur les marches du trône.

M. H. Bellangé expose une réduction du *Passage du Chemin creux*, aquarelle valant le tableau, et le *Bataillon carré*, un tout petit chef-d'œuvre.

Aux Avant-postes et la *Reconnaissance militaire*, de M. L. Brown, sont, à mon avis, bien supérieurs aux toiles de cet artiste.

Deux beaux paysages, de M. Cassagne; le *Loto*, de M. Chaplin, et encore d'autres jolies aquarelles, de MM. Dallemagne, A. Delacroix, A. Demarest, Gengembre, Paul Gélibert, Antoine Michaud, Pelletier, Émile de Pavand, G. Vibert, Ziem, Anastasi, complètent ce qu'il y a de plus remarquable en ce genre.

Les pastels ne manquent pas au Salon, mais les bons, autre affaire.

Mademoiselle Marie de Lage, MM. Cordès, Bassompierre, Ferragu, sont les seuls à citer parmi les portraitistes. M. Lanoüe expose deux remarquables pastels, à la hauteur de son talent, et M. Juncker éclaire, avec la lanterne d'un chiffonnier, une quantité d'ordures littéraires dont il est bien bon de s'occuper.

On doit rendre à ce peintre cette justice ; c'est qu'il n'aime pas la vulgarité en littérature ; mais, les *Mémoires d'une Biche anglaise*, ces *Dames de Bullier*, les *Cocodès*, est-ce bien de la littérature ?

M. Bida reste le maître des dessins finis et précieux :

le *Départ de l'Enfant prodigue* et *Paix à cette Maison* sont des œuvres de style parfaitement composées.

M. Lagier expose deux ravissants portraits, dessinés d'une manière pleine d'esprit et de brio. M. E. Dieudonné, en même temps que le *Portrait du célèbre maestro Rossini*, envoie celui d'une toute charmante jeune fille, dont Watteau eût fait une délicieuse bergère ; en la voyant, on ne peut s'empêcher de subir le charme entraînant de la grâce, de l'esprit et de la beauté..... Mais je m'arrête, car les heureux invités des salons les plus aristocratiques de Paris ont tous déjà reconnu la charmante mademoiselle P. de M., malgré l'anonyme qu'elle a voulu conserver.

M. Hanoteau a exécuté de superbes paysages à la plume, étourdissants d'habileté : on peut dignement placer sur le même rang la *Cavalcade à Château-Thierry* et la *Marie Stuart*, de M. Henry Pille.

MM. Paul et Raymond Balze ont exposé le *Triomphe de Galathée*, peinture sur faïence, d'après la fresque de Raphaël qui décore les murs de la Farnésine. J'ai dit, il y a deux ans, tout le bien que je pensais de ce procédé artistique, mais cette année me confirme dans le peu de confiance que m'inspiraient les reproductions de ces messieurs, au point

de vue de la fidélité. Ils ne rendent que médiocre-
ment le style et le dessin de Raphaël, qui n'est ni
mou, ni rond, que je sache !

Je ne veux pas quitter la faïence sans féliciter
M. Michel Bouquet. Les *Bords de rivière en Bretagne*,
une *Rue de village à Ramecourt*, sont de ces déli-
cieuses peintures auxquelles l'auteur a habitué le
public.

A part l'innombrable quantité de spirituelles eaux-
fortes qu'exposent les membres de la Société fondée
par l'intelligent M. Cadart, je signalerai une fort
belle réduction de l'*Hémicycle*, de Delaroche, si supérieurement gravée par Henriquel-Dupont, et que
M. Louis Chapon a transportée sur bois avec une précision et une vérité saisissantes.

Cette importante pièce, ainsi que la *Madone du
Bourgmestre Mayer*, d'après Holbein, gravée par le
même artiste, fait partie de l'*Histoire des peintres*, par
M. Charles Blanc.

Et maintenant, si cela ne vous déplaît pas trop,
venez respirer le grand air dans l'immense hangar
où sont contenues les œuvres de sculpture.

CHAPITRE XXI.

SCULPTURE.

C'est le *Chanteur florentin*, de M. Dubois, qui a obtenu la grande médaille d'honneur.

M. Dubois méritait évidemment cette haute distinction par son œuvre si charmante à tous les points de vue; mais, en principe, avouons qu'il est pénible de ne pas voir accorder cette récompense à une œuvre plus importante par les dimensions, le style et le sujet.

La sculpture est, avant tout, un art décoratif, l'art de la rue; un art monumental, formant à lui seul l'embellissement extérieur de la façade de tous les monuments; ce n'est pas un art de salon ou de boudoir, loin de là. Le marbre s'harmonise divinement bien avec la verdure et les fleurs. Les statues ont dû être faites après les jardins, car elles en sont le complément, et ne se modèlent jamais si bien qu'en plein soleil, ne sont jamais si belles qu'au grand air.

Les Grecs, dont le goût était plus artistique que le nôtre, l'avaient parfaitement compris; le soleil pénétrait dans leurs temples. Leurs jardins étaient de mystérieux bois sacrés, vertes habitations de tout un peuple de sylvains et de bacchantes, de faunes et de nymphes. L'Amour pouvait offrir des roses à sa charmante mère, dont l'épiderme de marbre se colorait d'une teinte de vie sous les ardents baisers de l'étincelant Apollon; Diane chassait au bois; la blonde Amphitrite n'était pas encore montée sur son socle de pierre : debout, sur son dauphin, son joli pied jouait avec l'eau des vastes bassins; Hercule se reposait de ses travaux sous un épais massif de lauriers-roses, pendant que la rêveuse Polymnie demeurait, toute pensive, sous un bosquet de lilas.

Les Grecs n'avaient pas de musées, les artistes de cette époque ne faisaient pas *n'importe quoi* pour être mis *n'importe où*. Ils avaient un but en travaillant : l'embellissement des jardins, des temples et des palais. Universels comme tous les hommes de génie, mieux que tous autres, ils comprenaient la décoration des objets de la vie usuelle ; leurs vases sont restés des chefs-d'œuvre inimitables ; et tout le menu de leurs jolis riens est placé aujourd'hui au rang des chefs-d'œuvre. Pourquoi ? Rien de plus facile à dire : ils étaient conséquents dans leurs ouvrages ; toujours en harmonie avec leur destination.

Ce n'est pas eux qui, après avoir fait une *Vénus marine*, l'auraient réduite à toutes sortes de proportions pour la placer un peu partout ; ce n'est pas eux qui auraient trouvé l'ingénieuse idée de faire de cette Vénus une lampe ou un *presse-papiers*. Des cariatides soutenaient les portes de leurs somptueuses habitations ; mais des pieds de chèvre ou de lion supportaient leurs fauteuils de marbre. Ils ne s'amusaient pas à réduire les cariatides, comprenant fort bien que les pieds d'une bête quelconque atteignaient beaucoup mieux le but.

Il est risible de voir où l'on en est arrivé maintenant comme débauche d'idée.

L'art suit le goût du moment. J'ai vu le malheureux Shakespeare accommodé de toute façon : en pendule, en bouton de porte, en épingle de cravate, en pommeau de canne ; enfin, devenu flambeau, je l'ai vu, hélas ! la tête surmontée d'une modeste bougie, decorer la cheminée d'un honnête salon du Marais. C'était splendide comme idée ! Aussi le propriétaire de ce dernier modèle habite-t-il une ravissante villa à Chatou, gagnée par Shakespeare ainsi travesti ! J'ai vu Voltaire devenir pot à tabac, Racine, porte-allumettes, madame de Pompadour, encrier, et le bey de Tunis, lui faire vis à vis en qualité de sablier ; j'ai vu madame de Maintenon servir de boîte à épingles, Charlemagne, de tire-lire, Clovis, le fondateur de notre monarchie, réduit à porter sur sa tête un vase de giroflées ! Et les marchands trouvent cela ingénieux, et les *manœuvres*, auteurs de ces *grotesques*, ont le courage de continuer tranquillement leur métier au lieu d'entrer modestement dans une maison *de blanc*, *d'épicerie* ou *de santé !* ils paraissent ignorer qu'un jour viendra où le vieux Shakespeare se vengera de toutes les farces qu'ils lui ont faites ; que, sous toutes les formes qu'ils lui ont données, épingle, pommeau de canne, flambeau, il troublera leur éternel sommeil, s'introduira dans leurs chairs, les rossera d'importance, et brûlera leur peau de profanes ! Ils croient que Voltaire, Racine, madame de Pompadour et le bey de Tunis ont été enchantés de voir leur célébrité ainsi compromise ; ils s'imaginent que Charlemagne, madame de Maintenon et Clovis ont ri de bon cœur lorsque dans l'autre monde ils ont eu connaissance de leurs sottes facéties !

Mais, les malheureux ! ce sera leur éternel tourment ! Dans l'autre vie, ils croiront entendre à chaque instant une ombre leur reprocher d'une voix caverneuse le rôle humiliant qu'ils ont infligé à sa mémoire. Grâce, grands rois ! grâce, s'écrieront-ils. Non pas, tu nous as fait tire-lire, tu nous as fait pot à fleurs, eh bien ! que cette tire-lire et ce pot à fleurs, faits à notre image, pèsent comme un remords sur ton éternité, vil farceur ! Et madame de Maintenon, et Racine, et Voltaire, le rancuneux Voltaire, dont je ne parle pas ! Eh bien ! vrai, je le plains de toute mon âme, et j'aime mieux être à ma place qu'à la leur.

J'espère que le musée Campana, que nous devons à M. de Nieuwerkerke, servira à quelque chose, que les artistes décorateurs de commerce iront y apprendre leur métier, ainsi que les bijoutiers et les orfèvres, et qu'ils verront bien que le comble du bon goût n'est pas de faire d'une gâchette de porte une broche à châle et de deux cadenas des boucles d'oreilles.

Ceci dit, examinons les œuvres les plus importantes de la sculpture, mises au jour depuis une année.

On est effrayé lorsqu'on songe à ce qui se produit

en France d'œuvres d'art en un an, et à tout ce qu'il
a fallu d'intelligence et de niaiserie pour produire les
3,560 ouvrages dont le livret fait mention. Cette fé-
condité ne prouve pas grand'chose : s'il y a plus de
peintres ou de sculpteurs, il ne reste à peu près que
le même nombre d'artistes.

Tâchons de découvrir ces derniers. M. Aimé Millet
est de ce nombre, un des plus habiles et des plus
savants même, quoique son immense *presse-papiers*
représentant *Vercingétorix* dise tout le contraire. Je
ne parlerai pas de cette gigantesque *cuivrerie*.
M. Millet s'est trompé; tout le monde le lui a dit,
tous les journaux le lui ont répété, je fais comme
tout le monde, en ajoutant qu'une fois n'est pas cou-
tume.

Vénus et l'Amour, de M. Reinhold Begas, est, à
mon avis, une des sculptures les plus fortes du Salon.
L'infidèle épouse de Vulcain se penche vers son fils et
lui parle tout bas à l'oreille; le méchant Cupidon
l'écoute avec une moue joliment expressive; les conseils ou les reproches de sa mère ne paraissent pas
de son goût.

Ce groupe est spirituel d'arrangement, le mouvement de Vénus est fin et gracieux; son fils, qu'elle
attire vers elle, est enfantin de pose, plein de naturel;

les modelés sont vivants, les chairs satinées et pantelantes, les lignes agréables. J'espère que nous reverrons l'an prochain cette composition taillée dans le marbre, qui seul convient aux belles nudités.

Cérès rendant la vie à Triptolème, de M. Louis-Léon Cugnot, est une œuvre vulgaire et dépourvue de style; je lui préfère de beaucoup la *Méditation*, de M. Joseph Daumas, qui a su donner à sa statue le caractère poétique en harmonie avec le sujet : les draperies sont légères, les formes élégantes, les lignes gracieusement ondulées.

Psyché au bord de l'eau, par M. André Delorme, est charmante. Le corps de la jolie déesse est jeune, les modelés francs et vrais; voilà du réalisme ! M. Delorme nous montre qu'on peut être sincère et agréable.

Pourquoi M. Eugène Aizelin est-il *hors concours*, sa *Suppliante* et son *Hébé* auraient pu parfaitement encourir les rigueurs du jury, par leurs redites et leurs formes de convention.

M. Jules Blanchard peut être admis de droit s'il continue à produire chaque année des œuvres aussi énergiques et aussi bien conçues que *Samson lançant des renards dans les blés des Philistins*, quoique le torse paraisse un peu court et que l'on ne s'explique guère la raison qui le porte à écraser le malheureux renard qu'il a sous les pieds. Cependant cette œuvre est jeune. Encore un reproche; M. Blanchard s'est inspiré trop directement de la sculpture de Puget. Qu'il prenne garde à une admiration mal entendue!

Le *Message*, de M. Hyacinthe Chevalier, est un élégant jeune homme qui étend la main, sur laquelle un oiseau est posé, un brin de feuillage dans le bec. C'est joli, mais le personnage pose trop; il manque de naturel, la tête est loin d'être irréprochable; malgré tout cela, ce n'est point une œuvre ordinaire.

Jupiter et Hébé, exposés par M. Charles Buhot, sont un groupe en plâtre, excellent d'invention, harmonieux de lignes, mais peu dessiné.

M. Benoît Bodendieck dessine bien, son *Innocence* est assez dans le sujet, quoique l'arrangement général sente le convenu.

> « La cigale ayant chanté
> « Tout l'été,
> « Se trouva fort dépourvue
> « Quand la bise fut venue. »

M. Cambos a écrit sur le marbre ces jolis vers de La Fontaine. Le plus grand compliment que je puisse faire au gracieux talent de cet artiste, c'est de lui dire que sa statue vaut la délicieuse fable qui la lui a inspirée.

Le mouvement de la pauvre fille grelottante est heureusement trouvé, d'un sentiment gracieux sans être affadi. On avait pu juger de l'œuvre d'après le plâtre exposé l'année dernière, mais le marbre a révélé encore d'autres finesses dans les modelés, de nouvelles délicatesses dans les lignes.

Je ne connais qu'une œuvre conçue à peu près dans la même idée qui vaille celle de M. J. Cambos; c'est la *Frileuse*, du grand Houdon, œuvre chaste et mystérieuse, parfumée de poésie et de volupté.

La *Cigale et la Fourmi* pouvaient disputer parfaitement la grande médaille d'honneur à M. Dubois.

L'un et l'autre la méritaient également; l'œuvre de M. Cambos n'a obtenu qu'une simple médaille en 1864.

Je ne veux pas encore parler de l'*Education de Bacchus*, de M. Doublemard; j'ai dit en d'autres temps tout le bien que je pensais de cette œuvre puissante et nerveuse; je me contente de le répéter, en ajoutant que, plâtre, marbre ou bronze, ce beau groupe sera toujours un excellent morceau de sculpture.

Le modèle en plâtre de la statue du *général Serrurier*, dont le bronze a été inauguré à Laon, en août 1863, est également exposé par M. Doublemard. C'est un portrait fort et énergique, un des plus beaux de l'Exposition.

Agar dans le désert, statue en plâtre de M. Charles Gauthier, est énergiquement modelée, un peu apprêtée comme mouvement. mais l'œuvre d'un homme de talent. Cet artiste a obtenu une médaille qu'il méritait de toute façon.

La ville de Chambéry va bientôt posséder, grâce à M. Guméry, deux magnifiques bronzes. La *Science* et la *Jurisprudence* sont deux grandes figures assises, disposées avec goût et d'un style excellent. Les têtes sont complétement dans le sentiment sévère qui leur convient ; les bras savamment modelés, les étoffes traitées avec savoir, les costumes justement trouvés.

Ces deux statues forment un ensemble très-décoratif.

La *Bacchante*, de M. Labarbera, est froide, modelée trop rond ; cependant l'œuvre d'un homme de mérite.

Il est puissant et fort, ce *Prisonnier livré aux bêtes*, par M. A. Jacquemart ; mais son auteur le pose d'une façon bien bizarre et que l'on ne s'explique pas trop. au premier coup d'œil.

M. Hellborn Sussmann expose une *Jeune Italienne*

dans son pittoresque costume des Abruzzes ; la pose est prise sur le fait, à peine indiquée, c'est une charmante statue dont je désirerais beaucoup voir le bronze l'année prochaine.

Chloris, de M. Henry Varnier, est une fort belle statue, mouvementée avec élégance ; mais dont les draperies sont trop cherchées et pas assez simples.

Le *Berger Lycidas* sculpte le bout de son bâton ; M. Truphème s'imagine à tort que l'on intéresse le public avec un sujet pareil. Pourquoi Lycidas plutôt qu'un autre ? Ceci n'empêche pas que ce berger n'ait obtenu une médaille, que lui méritaient en partie seulement quelques qualités de modelés quoique un peu ronds, un mouvement juste et un ensemble assez satisfaisant. N'importe ! c'est archi-froid cet art-là ! Où êtes-vous, David ! Rude ! Pradier !

Une jeune fille tient dans ses bras les *Fleurs du printemps*, la statue a de l'aspect ; mais de trop grandes mains lui ôtent de son élégance. M. C. Veeck est l'auteur de cette œuvre.

Je suis très-ami de la *Suzanne*, de M. Watrinelle, son geste précipité est plein de pudeur ; il est malheureux que ce plâtre manque un peu de distinction.

M. Etienne Leroux est tombé dans la même faute

avec *Ariane abandonnée*. Le mouvement de l'amante désolée est fort beau, mais les formes sont lâchées, les attaches vulgaires et les pieds énormes ; malgré tout, il y a un grand charme dans cette composition.

Psyché, de M. Pierre Loison, est une statue ridicule, engorgée. *Phryné*, dont le plâtre seul est fait, du même artiste, est de beaucoup supérieure à la première ; la jeune femme est un peu maigre, mais très-élégante de forme, seule la ligne de la draperie qui retombe sur la colonne forme un angle désagréable qui rompt toute l'harmonie.

Quoique le *Premier pas*, de M. Mage, n'ait de l'intérêt que sur une seule face, je trouve à cette statue une véritable attraction. Cette jeune fille a bien l'hésitation que coûte toujours le premier pas !

Bacchus et l'Amour, de M. Janson, est un groupe assez agréable ; les petits enfants sont posés avec une naïveté très-heureuse ; leurs formes seules sont un peu maigres dans certaines parties, mais cette légère imperfection n'empêche pas cette œuvre d'être excellente.

Une des plus belles sculptures du Salon est le portrait de *mademoiselle Mars*, par M. Thomas ; c'est une œuvre de grand style, dans laquelle cet artiste a prodigué toutes les richesses de son beau talent. Cepen-

pendant, je trouve la célèbre comédienne trop en-
foncée dans son fauteuil, elle parait trop courte ;
M. Thomas aurait dû s'ingénier à trouver un autre
mouvement qui donnât au corps plus d'élégance. La
main qui soutient la figure ne me plait pas beaucoup
non plus, cependant, telle qu'elle est, cette statue est
une des belles que l'on ait faites depuis bien longtemps. M. Thomas peut la compter au nombre de
celles qui ont prouvé ce dont il était capable.

M. François Moreau nous montre *Aristophane*, qui
n'avait jamais été si bien représenté. Cet excellent
plâtre est un de ces morceaux qui restent comme les
plus brillants types de l'art d'une époque : le mouvement est beau, les modelés ont de l'ampleur, les
plans sont larges et bien indiqués, le dessin fort,
concis et puissant.

M. François Moreau a obtenu avec cet envoi sa
première médaille, je l'en félicite avec une sincère
satisfaction.

Son homonyme, M. H. Moreau, est représenté
dans les jardins de l'exposition par une fort belle
statue, *l'Ange de la résurrection*. Je regrette de ne
pouvoir détailler plus amplement que je ne le fais ; je
suis forcé de me borner à dire que cette œuvre est
fort belle, d'une élégance bien entendue. L'ange est

prêt à s'envoler; il y a dans cette œuvre une légèreté surprenante; les draperies voltigent, les pieds touchent à peine le sol. Autre mérite, M. Moreau a exécuté un véritable ange, et non une femme ou un jeune homme ailé.

Décidément le nom de Moreau porte bonheur; en voici un autre, M. Mathurin Moreau, qui, avec *Studiosa*, nous montre une charmante fille, jolie de pose et de sentiment, sa gracieuse tête est attentive comme il convient à une bonne travailleuse : excellente composition.

Le *Christ mort*, de M. Ferdinand Leenhoff, est une œuvre singulière; elle attache, car on sent bien que son auteur est un homme convaincu qui cherche, et elle perd à être examinée, à cause de ses lignes désagréables. Le corps est bien mort, la tête juste d'expression, mais les formes sont lourdes et les emmanchements engorgés.

Saint Benoît, pour vaincre les désirs de la chair, s'était retiré à l'âge de dix-huit ans dans les montagnes, là il se roulait sur les épines pour faire triompher son esprit des ardeurs de la matière, M. Etex le représente accomplissant ce douloureux acte de mortification. Ce marbre n'est pas heureux. Comment s'y prendre pour le voir? le relief est presque nul.

les lignes à peine indiquées, et ensuite le corps du jeune martyr volontaire n'indique pas du tout une aussi impétueuse nature; bien au contraire, le jeune homme de M. Etex a un extérieur froid et lymphatique, n'annonçant pas le moins du monde de pareilles propensions.

Si cette statue était placée de façon à ce que le regard la dominât, peut-être serait-elle fort belle, mais à la hauteur où elle est perchée, on ne peut guère la juger.

Alexandre le Grand, à ce que dit l'histoire, combattit et tua le lion de Bazaria, après avoir fait retirer tous ses compagnons. C'est ainsi que M. Dieudonné nous le montre; son groupe est monumental, le héros puissant dans ses opulentes formes, mais son geste est peu mouvementé et sa tête vulgaire.

J'aime assez le bas-relief de M. Didier Debut, les *Danaïdes;* il y a dans cette sculpture, intelligemment composée, des femmes vues de dos d'un fort beau dessin, qui annoncent une sérieuse étude de la nature et de nos vieux maîtres français.

L'*Ascagne* endormi, de M. Henry Cros, est joliment traité; son assoupissement est vrai, la pose molle comme le sommeil.

La *Paresseuse,* de M. E. Carrier, est la plus jolie

statuette de l'exposition, charmante de tout point ; le dessin est empreint d'une élégance de bon goût, les modelés sont bien traités ; il est seulement regrettable que les jambes de l'indolente jeune fille ne soient pas un peu plus dégagées des draperies tombant du siége sur lequel elle est assise. Ce bijou de bronze y aurait encore gagné. Dans la *Cruche cassée*, cet artiste montre les mêmes qualités.

M. Falguière, prix de Rome de 1859, a exposé *Thésée enfant;* cette statue en marbre est savante, d'une bonne composition.

Encore une autre *Agar;* celle-ci, de M. Hubert Louis, nous est montrée désaltérant son fils mourant de soif. Il y a un grand sentiment dans cette œuvre très-nouvelle d'arrangement. Le pauvre enfant est bien posé ; on sent bien qu'une heure encore à souffrir suffirait pour tuer le malheureux Ismaël. Mes félicitations à M. Hubert Louis ; son groupe est très-beau.

J'aime assez le *Saint Félix de Valois*, de M. Maniglier. Cette statue en pierre, destinée à l'église de la Trinité, est bonne de mouvement, simple et décorative d'exécution, souple dans les draperies.

La *Première pudeur*, de M. Martens, est commune et n'a rien de séduisant.

Le *Jeune Indien jouant des cymbales,* de M. Auguste

Nadaud, est un enfant bien posé, d'un dessin très-agréable, énergique de mouvement ; les modelés sont d'une exacte vérité. On sent que le jeune sauvage prend plaisir au bruit assourdissant qu'il fait avec son instrument.

Encore dans les pays exotiques. Nous voici avec un roi de la dix-huitième dynastie, Ramsès III. Cette statue de M. Picault a beaucoup de caractère, et en prendrait encore plus si elle était exécutée en bronze.

Télémaque, de M. Zoegger, est un plâtre qui ne manque pas de style.

La *Vocation*, de M. Roubaud, médaillé pour cette œuvre, est un peu ronde de modelé ; c'est le seul reproche qu'on puisse lui faire.

J'arrive à une des œuvres les plus capitales et les plus complètes de l'exposition : je veux parler de l'immense portrait officiel de *Richard Lenoir,* destiné à Willers-Bocage, petite ville du Calvados. M. Rochet a fait un très-beau morceau de sculpture, dont la grandeur imposante est d'un bon effet. On ne fait pas souvent une statue aussi décorative, aussi monumentale. De quelque côté qu'on l'envisage, l'œuvre de M. Rochet parait supérieure ; ce n'est pas une qualité que l'on trouve souvent, même dans les meilleures productions.

M. Robinet expose un *Berger chaldéen*, jeune homme très-beau de formes, malgré la taille respectable de ses pieds.

Voici, je crois, quelles sont les œuvres les plus remarquables dans la grande sculpture. J'en aurai fini avec elle lorsque j'aurai parlé de la *Jeune fille qui joue avec un chat;* ce groupe, de M. Plissonnier, est naïf, joli de forme, mais resserré et trop maigre ; la poitrine et les bras, quoique d'une enfant, sont trop grêles pour la tête, qui indique un âge plus avancé que le reste du corps.

Parmi les portraits les plus beaux, il faut citer en première ligne celui de *Sa Majesté l'Empereur*, sculpté en marbre par le savant M. Carrier-Belleuse. A la bonne heure ! voilà l'Empereur tel qu'on le conçoit, tel qu'il est. J'engage M. Cabanel à le regarder souvent et longtemps. Le portrait d'*Eugène Delacroix*, beau bronze qu'on a admiré à l'exposition des œuvres du grand peintre, est aussi magnifique d'expression et de science.

M. Carrier-Belleuse est, sans contredit, le plus charmant sculpteur que nous ayons; son talent est varié comme la nature ; il aborde tout et en triomphe. Les hommes de cette trempe sont rares.

Le portrait de *Sa Majesté l'Impératrice*, terre cuite,

de M. François Lepère, est une œuvre de goût, charmante de composition. Le même artiste expose également le *Chapeau de paille*, joli buste que Paris artiste a été à même d'apprécier dans les intéressantes galeries de MM. Cadart et Luquet.

Un vrai chef-d'œuvre de M. Émile Hébert, un nouvel arrivant, si mes souvenirs ne me trompent pas, c'est le portrait de *Victor Texier*, le graveur. Ce buste est intéressant au plus haut point par la sincérité de l'exécution et la compréhension des plans et des méplats.

Je ne veux pas passer sous silence un fort beau portrait de *Jeune Fille*, plâtre de M. Gugliemo Lange ; un ravissant buste de *Mademoiselle S. D.*, œuvre pleine de naïveté et de charme, par M. Gabriel Dubray ; *Lucca della Robia*, le célèbre faïencier, dont M. Devers a très-énergiquement compris le rude type ; *Madame Constant Say*, buste de marbre que M. Cordier a bien habillé : j'aime moins celui de *Madame Millaud*, un peu trop riche et prétentieux, savant toutefois ; la pauvre *Emma Livry*, qui revit tout entière dans le marbre de M. Barre ; deux beaux portraits de M. Martial Baury, un réaliste sincère ; *Halévy*, de M. Adam Salomon, qui a bien compris la tête expressive de l'illustre auteur de la *Juive* ; M. Au-

guste Preault, dont madame Astoud a fait un excellent et vigoureux médaillon de bronze ; un bon *Portrait d'homme*, de M. A. Bernard ; une fort belle statue de M. Gustave Crauck, représentant le *Maréchal Pélissier*, œuvre de force et de caractère.

N'oublions pas encore, parmi les portraitistes, M. Dantan jeune, dont le portrait de *Meyerbeer* est très-fort, ainsi que celui de *M. Paulin Talabot ;* M. Fabrucci qui, dans son portrait de *Mademoiselle Louise Munaut*, montre de la grâce et de la vie, quoique le cou soit un peu raide de mouvement ; mademoiselle Alice Grégoire, dont le portrait de *M. Trélat* est bien vivant : les mêmes qualités existent dans celui de *Jeune fille*, exposé par la même artiste ; M. Lhomme de Mercey, qui, dans le portrait de *M. l'abbé Roque*, montre de grandes qualités de réalisme ; M. Megret, dont les deux portraits d'*Enfant* et de *Jeune femme* indiquent un artiste aimant la nature et la vie ; M. Oliva, auteur du portrait de *François Arago*, fort belle statue très-monumentale. La tête du savant est belle, le geste noble et bien trouvé.

Citons encore un charmant portrait de madame G. L., dont la tête expressive est exécutée avec grâce et puissance. Je suis fort partisan des ornements dorés dans le marbre ; le collier dont M. Oudiné a entouré le cou de son charmant modèle est d'un excellent effet.

Dans une tête d'homme, M. Ninet se montre sincère et savant, mais je ne peux admettre son *Défi*. M. Edmond Noël expose une terre cuite aussi charmante que la femme qu'elle représente. M. Préault a exécuté un médaillon de bronze qui a beaucoup de style, malgré la raideur de la draperie qui couvre la tête.

Je termine les portraits en inscrivant encore ceux de M. Quillet, de M. Rougé, dont l'idée de portrait en pied est excellente, mais trop peu répandue, et celui de M. Victor Vilain, auteur de la statue de M. Sénard, plâtre empreint d'un haut style et de beaucoup de naturel.

Une mention particulière, pour le grand médaillon de M. J. Cheret, représentant notre gracieuse Impératrice. L'idée de cet artiste est délicate; mais on ne voit pas la belle souveraine, complétement disparue sous un élégant entourage de fleurs. Cela provient de ce que le profil n'a pas assez de relief, et que les fleurs en ont trop.

M. Santa Coloma expose un groupe de cire représentant un *Attelage d'artillerie*. Cette œuvre, toute de fougue et de brio, est spirituelle et savante ; les chevaux sont nerveusement dessinés, le mouvement est ardent ; mais je regrette beaucoup le rouge brillant répandu sur cette œuvre si savante, si spirituelle.

Le *Poney de chasse,* du même auteur, est une superbe étude comme on en fait peu.

Dire que M. Mène expose deux *cires*, c'est faire entendre qu'il y a deux nouveaux petits chefs-d'œuvre à ajouter à ceux de cet artiste.

Le *Monte-Cristo,* de M. L. Montaut, est une œuvre charmante, quoiqu'il y ait un peu de lourdeur dans le cheval, mais si peu, que c'est même un tort d'en parler.

Le *Mouton des Vosges,* du même artiste, est juste, énergique de modelé, excellent à tous les points de vue.

Le bronze argenté, de M. J. Moigniez, représente une compagnie de perdrix, groupe délicat et léger.

M. Rouillard, chargé de la décoration du palais de Belerbey, expose deux bas-reliefs où brillent de grandes qualités.

La *Mort du Chevreuil,* de **M. A.** du Passage, est un vrai chef-d'œuvre de science fine et distinguée ; le cheval qui s'y trouve est ce qu'on a fait de mieux en ce genre ; c'est surprenant de délicatesse et de savoir.

La *Perdrix blessée*, bronze de M. Paul Comolera, est un très-joli groupe émanant d'un talent consciencieux.

Buse et Lapin est une très-spirituelle composition en plâtre, de M. Émile Cana, auteur d'un *Héron* de bronze fort joli.

M. Briand a sculpté sur bois une *Perdrix*, charmant panneau léger et très-artistique.

Je termine la nomenclature de ces jolies choses en citant M. Alphonse Arson, qui nous fait voir une *Perdrix et sa couvée surprise par une Belette*. Les petits sont remplis d'effroi ; c'est ravissant !

M. Isidore Bonheur a exécuté deux fort beaux taureaux pour la collection d'animaux qui doivent orner les jardins du sultan. On ne peut reprocher à ces énormes ruminants qu'un peu de mollesse dans les modelés.

Que je signale encore la *Jolie Dévideuse*, de M. Salmson, que j'avais oubliée ; l'*Hamlet et le Fossoyeur*, de M. Costa, groupe d'une bonne ordonnance ; la *Lucia Mondella*, savamment exécutée et dont l'expression est pleine de sentiment ; enfin la *Bonne femme de Franche-Comté*, de M. Juste Becquet, qui vaut, sous tous les rapports, le superbe portrait de M. Victor Texier, et j'en aurai fini avec les sculpteurs.

Pourquoi M. Charles Kauffmann, le spirituel graveur en médaille, n'a-t-il pas envoyé à l'Exposition un de ces délicieux portraits qui font l'admiration de tous les connaisseurs? M. Kauffmann est le seul artiste sérieux en ce genre ; il doit donc ses œuvres au public. Le portrait de *M. Denizet*, cette délicate merveille que tout Paris artiste a voulu voir, aurait cependant dignement représenté M. Charles Kauffmann au Salon.

Je veux en terminant féliciter madame Rosa Bonheur sur sa nomination de *chevalière* de la Légion d'honneur, et remercier, au nom de tous les artistes, notre gracieuse et aimée Régente de ce nouvel acte de sa continuelle bienveillance pour les artistes.

FIN

www.ingramcontent.com/pod-product-compliance
Lightning Source LLC
LaVergne TN
LVHW050041060726
842524LV00003B/638